Minerva Shobo Librairie

成長と変容の
生涯学習

西岡正子
［著］

ミネルヴァ書房

はじめに

　教育，学習というとどうしても学校教育を思いがちである。したがって生涯学習はその延長であり，教科をひたすら学ぶことを連想してしまう。しかし，生涯学習は，黙々と静かに学び続けることではない。
　生涯学習とは，動的な事象を指すのである。生涯学習や生涯学習社会という概念は，民主的で，平等な社会において，人々がそれぞれの能力を生かし，幸せになることを願う中で生まれてきたものである。したがって生涯学習のキーワードは，「成長」，「変容」，「主体性」，「自立」，「自律」，「能動的」，「参画」，「創造」，「平等」，「民主主義」，「自由」，「変革」，「解放」等々ダイナミックな言葉である。さらに，ジェルピ（Ettore Gelpi）の言葉を借りれば，生涯学習は，「闘争」でもあるということができる。
　また，ジェルピがいうように，生涯学習の概念は我々が創り出していくべきなのである。それぞれの社会に相応しい生涯学習を創り出すのは我々自身である。ユネスコの国際会議においても，それぞれに地域に合わせた生涯学習の創造が求められている。生涯学習の概念は時代や社会の変化とともに成長していくのである。
　1960年代における生涯学習展開の大きな動きは，人間を信じ人間に期待を寄せる中で生み出されてきた。その動きは今も我々に希望と夢を抱かせてくれる。本書をお読みいただき，ポール・ラングラン（Paul Lengrand）その他の原著者の言葉にふれていただき，原著者の思いとその時代の息吹を感じていただければと思う。
　人々の健康状態は良くなり，寿命も長くなった。民主的な社会になり，自己の選択の幅が広がった。人生も自分で創り出せる部分が増えてきた。このような現代においては，生涯学習によって生涯学習社会を創り出し，生涯学習時代を生きていくことが可能となった。それは，自分で考え，自分で決断を下し，自分の人生を生きることである。成長と変容を目指す人生である。またポー

ル・バージャヴィン（Paul Bergevin）が述べているように，個人の成長は，他の人々とともに生きるこの社会をより良くすることにつながるのである。我々は学習によって，より良い社会を創ることができるのである。さらに，ローマクラブが『限界なき学習』で指摘しているように，人間の学習なくしては，人類の未来は存在し得ないのである。

　今日まで，「生涯学習」を発展させてきた先人の偉業に深い敬意を表し，生涯学習によって創られるより良き未来に期待をかけたい。また，学び続ける若者に希望を託し，本書が生涯学習社会の創造の一助となることを願う。

　石本奈都子氏には編集・校正に力を注いでいただいた。ミネルヴァ書房の浅井久仁人氏には，貴重なご助言ご示唆をいただいた。心より感謝申し上げる。

西岡正子

目　次

はじめに

Ⅰ　創り上げる生涯学習

第1章　世界に広がる生涯教育の理念……2
1　公教育としての生涯教育の推進 ……2
2　ユネスコにおける生涯教育理念の提起 ……3

第2章　生きることを学ぶ生涯学習……14
1　フォール報告が描く未来 ……14
2　ジェルピの闘争の戦略としての生涯学習 ……17

第3章　学習者の主体性が重視される生涯学習……23
1　成人教育の発展に関する勧告にみる学習者中心の原理 ……23
2　権利となった生涯学習――学習権宣言 ……24

第4章　新しい社会の実現に向けた生涯学習……28
1　地球社会の学習としての生涯学習――ドロール報告 ……28
2　我々がつくる生涯学習――ハンブルグ宣言 ……29
3　行動のためのベレン・フレームワーク ……32

Ⅱ　学習社会の創造と生き方

第1章　新しい概念「学習社会」……36
1　学習社会という未来 ……36
2　人間的成長を目指す学習社会 ……37

第2章　日本における学習社会論の展開……42
1　学歴社会の弊害の是正としての学習社会……42
2　個人の要望と社会の要請が求める生涯学習社会……44

第3章　TO BE の生き方と社会……47
1　to be の生き方……47
2　to be の社会……51

第4章　ローマ・クラブと OECD の生涯学習……54
1　予見と参加が創る社会……54
2　リカレント教育による継続的な発展……59
3　日本におけるリカレント教育……64

Ⅲ　成長と変容の生涯学習

第1章　成長し続ける成人とアンドラゴジー……72
1　アンドラゴジーの出現……72
2　成人のための教育理論の変遷……75
3　成人の学習の特色……77
4　自己主導の成人のための学習援助……79

第2章　変容する成人のための学習……89
1　意識変容という概念の出現……89
2　自己を主体的に生きるための学習……90

Ⅳ　ライフサイクルと生涯学習

第1章　生涯にわたる発達と学習……94
1　加齢と知能……94
2　成人期の発達と学習……97

第2章　成長し続ける人間 …………………………… 100
1　発達課題と生涯学習 ……………………………… 100
2　ステージ・セオリー ……………………………… 104
3　ライフ・イヴェントとトランジション ………… 109
4　職業的発達が求める生涯学習 …………………… 111

第3章　女性のライフサイクルと新しい学習課題 … 115
1　国際的潮流とともに変わる学習課題 …………… 115
2　ライフステージごとの新たな学び ……………… 119

第4章　高齢期の学習 ………………………………… 122
1　高齢者の学習能力 ………………………………… 122
2　高齢者の学習課題と学習機会 …………………… 124

V　日本における生涯学習の展開

第1章　新しい生き方と社会の創造 ………………… 130
1　生涯学習という新しい概念 ……………………… 130
2　生涯学習体系への移行を目指して ……………… 132
3　一人ひとりの学びが築く社会 …………………… 135

第2章　生涯学習時代の家庭教育 …………………… 138
1　変わりゆく社会と家庭教育 ……………………… 138
2　社会の成員の学びによる家庭支援 ……………… 142

第3章　社会教育施設と学校の開放 ………………… 146
1　生涯学習時代の社会教育施設 …………………… 146
2　学校の開放と生涯学習 …………………………… 152

第4章　生涯学習の形態・方法・評価 ……………… 158
1　学習参加の形態と成人の教授学習方法 ………… 158

  2 参加型の学習方法 …………………………………………………… *160*
  3 学習成果の評価とプログラム評価 …………………………………… *166*

Ⅵ アメリカの生涯学習

第1章 アメリカ社会と生涯学習 ……………………………………… *172*
  1 個人の成長と社会の発展を目指して ………………………………… *172*
  2 コミュニティーカレッジが変える人生 ……………………………… *175*

第2章 高等教育機関と生涯学習 ……………………………………… *179*
  1 成人に開放された高等教育機関 ……………………………………… *179*
  2 成人学習への有効な取り組み ………………………………………… *183*
  3 新しい学位による学び ………………………………………………… *185*

第3章 社会を変える高齢者の学習機会 ……………………………… *189*
  1 学習機会の拡充から生まれる人生 …………………………………… *189*
  2 教育機関を活用した学習機会 ………………………………………… *190*
  3 自らの成長と社会創りを目指すAARP（アメリカ退職者協会）……… *194*
  4 高齢者主体のコミュニティーにおける学習 ………………………… *195*

資　料　編
索　　　引

I　創り上げる生涯学習

第1章
世界に広がる生涯教育の理念

1　公教育としての生涯教育の推進

　生涯教育のとらえ方を大きく分けるなら，個人としての生涯教育と公教育としての生涯教育がある。人間の歴史の中で早くから存在していた生涯教育論は，個人の問題としての教育の生涯化である。したがって，一部の聖人君子や恵まれた人達に限られた生涯教育であった。また時期によっては，恵まれた立場の者が恵まれない人々に教育の機会を付与するものとしての生涯教育も存在したといえる。しかしそれらは広く市民すべてを対象とした生涯教育ではない。
　教育の概念の中に公教育としての生涯教育を持ち込んだのは，コンドルセ（Marie Jean Antoine Nicolas de Caritat, marquis de Condorcet）である。すなわち1700年代の終わり近くに，現代的生涯教育論が始まったといえる。
　実践する哲学者と呼ぶことのできるコンドルセは，フランス革命時，立法議会の代議士となり，「公教育の全般的組織に関する法案」を1792年に委員会に提出した。彼の著書『公教育の原理』の第一篇「公教育の本質と目的」の冒頭には「公教育は人民に対する社会の義務である[1]」と彼の教育理念が謳われている。
　彼は，「権利の平等を実際的なものとするための手段としての[2]」公教育を論じている。女性の教育に関しても，「知育は男女両性に対して同一でなければならない[3]」とし，また成人に対しても教育の必要性を主張し，「子ども時代の教育を終えてから，ひきつづき自分の理性を強めようとせず，自分が習得しようとすればできたような知識を新しい知識で豊富にしようとせず，誤謬を訂正したり，あるいは受け入れることがあるかもしれない不完全な概念を訂正しようともしない人間は，自分たちの幼少時の学習努力のすべての成果をやがて消

滅させてしまうであろう[4]」と述べている。

　学習機会の提供に関しては小・中学校のみならず，高等教育レベルにおいても成人に対する公開講義の必要性および各学校の図書館，博物館の開放について言及している。この「公開施設」がもたらす利益の一つとして「完全な教育を受けることができなかった国民，もしくはこれを十分利用しなかった国民に，自己啓蒙の手段を得させること，あらゆる年令の国民に，役に立ち得る知識を習得する能力を提供すること，科学の進歩から生ずる直接的な利益が，学者や青年たちに独占されないようにすることである[5]」と述べている。コンドルセは，公教育としての生涯教育の提唱者ということができる。

　その後，教育の普及によって，多くの人間が生涯学び続ける機会を得ることになる。1900年代には，成人に対する教育活動が活発になり，その流れは，1985（昭和60）年の権利としての教育につながる。すなわち1985年にはユネスコ第4回国際成人教育会議で，「学習権宣言」が発表されたのである。一部の限られた人々のみが得る生涯教育，一部の者にのみ与えられる生涯教育から，公教育としての生涯教育を経て，すべての人々の権利としての生涯教育，生涯学習になったのである。

2　ユネスコにおける生涯教育理念の提起

（1）ポール・ラングランの生涯教育理念

　ユネスコにおいては，1949（昭和24）年にデンマークのエルノシアで開かれた第1回国際成人教育会議にその萌芽をみることができる。その後，各地での教育改革や，国際会議を通して，現代的な生涯教育の概念が普及していった。生涯教育（lifelong education）という言葉が世界的に注目されることになったのは，1965（昭和40）年12月にフランスのパリでユネスコ本部が開催した「成人教育推進国際委員会」における生涯教育の提唱からであるということができる。成人教育の理論家であり，教育局継続教育部長であったポール・ラングラン（Paul Lengrand）らがワーキング・ペーパー「永久教育（レデュカシオン・ペルマナン l'education permanente）」によって，生涯教育の理念を提唱したのである。

I 創り上げる生涯学習

　現在では生涯学習（lifelong learning）といわれているが，提起された当初は，生涯教育（lifelong education）が使われていた。

　ワーキング・ペーパーの序論において，「教育は，児童期・青年期で停止するものではない。それは，人間が生きている限り続けられるべきものである。教育は，こういうやり方によって，個人ならびに社会の永続的な要求に応えなければならないのである。以上のような考えが近年，着実に人々の心に浸透してくるようになった」[6]と述べている。

　ワーキング・ペーパーの第2章「生涯教育の体系」，第2節「体系化への試み」では，「ここで体系というのは，教育課程のいろいろな側面やいろいろな時期（小・中・高など）をまとめて全体としてみるばあい，人生全体における教育の文脈と相互依存関係をどう処理するか，という努力の方向をさすのである。学校教育とか社会教育とか，または非形式的教育施設とか，それぞれの教育部門についていうと，「生涯永続教育」の諸要素はだいたい現われているとみてよいのだが，それらをまとめて教育問題を全体としてながめ，ある教育部門はここの点の責任をもつべきだという分担をはっきりさせ，その分担に応じて，教育の構造を考えたり変えたりするための「原理」が欠けている。このような改新こそ，今の人々がたいへん必要と感じているものなのではなかろうか」[7]，さらに「教育のまったく新しい概念なしには解決は不可能であるし，解決の方向を模索することさえむだであろう。そうして，このような新しい教育概念は，人間が自己教育・自己教授，自己発展の欲求をもつばあい，いつでも，またどこでも生ずるであろうところの要求を適当に配慮したものでなくてはならないだろう。このような新しい教育概念のもとにおいては，学校教育，社会教育などのいままでのいろいろの異なった教育活動のタイプ・様相として壁によって仕切られていたくぎりが，とりはらわれなくてはならない。すなわち，教育は，人間存在のあらゆる部門に行われるものであり，人格発展のあらゆる流れの間―つまり人生―を通じて行われなくてはならない」[8]と教育の時と場の統合について述べている。

　またこの節では，二つの教育の関係を取り上げている。その一つが青少年教育と成人教育の一致である。「もし教育が生涯永続的なものになったとしたら，

教育の諸構造全体が，そうした変化のために重大な影響をこうむることはまちがいない。その第一には，こどもと青年のために仕上げられたプログラムと教育方法自体が，形をかえざるをえないのである。また第二に，成人教育の内容と精神も同様に，教育活動の初期におけるこうした変化に関連づけられなければならないのである」[9]と両教育の統合の必要性について述べている。さらに学校教育の変革に関しては「もし人間が一生の間を通して，自己教育し，学習し，自己形成することができ，またそうしなければならないというのが当然だとしたら，こどもと青年に対するある種の教育の機能と学校制度は，そのために急激な変形をこうむらざるをえないだろう」[10]と述べている。

　また，「成人教育が，生涯教育の必要性を考えたうえに立ってなされるこどもと青年期の教育の改革から，すべてのものをくみとらなければならないことは明らかである。成人教育が強力であるためには，いくつかの条件がみたされなければならないのである。基礎づくりができていなければならないし，設備や施設が必要だし，行政官と指導官が必要である。しかし，何よりも，お客さんがいなければだめである。成人教育においては，義務というのはありえない。ひとりの成人が，研究し，自己形成し，自己訓練を課すためには，まず第一にある一つの欲求を（あるいはこれというとくべつないくつかの欲求を）感じなければならないし，第二には，その欲求満足の為に学習する必要性をもたなければならないのである。また同時に，自分のために，理論的，実際的学習の技術を，早くから実行に移す気にならなければならないのである。こうしたさまざまな条件は，初期の学校教育が，学校生活のあとにひきつづいて，生きているかぎり発展していく生涯教育への欲求と能力を引き出すようになったときにはじめて，実現されるのである。成人教育の利益と強力さと豊かさは，人々がこぞってこうしたものを受け入れたときはじめて生じるものだが，そういう人々の気持ちがつくられるつくられないは，教育が始まったときから教育に与えられる方向によってきまるのである」[11]と述べている。生涯教育としての一貫性を考えるなら，人生の初期の教育は，生涯教育を左右する重要な教育ということができる。

　もう一つの教育間のかかわりは一般教育と職業教育である。「生涯教育は同

Ⅰ　創り上げる生涯学習

時に，人間形成の一般的側面と特殊な側面，特に職業的養成の側面を子どもと青年と成人において，できるかぎり，調和させようという仕事をもっている[12]」とし，「この二つの部門の間に距離などなく，これら二つは相互に依存しあっており，その目的に一致していることがわかる[13]」と述べている。さらに「どのような職業について考えるにせよ，形成陶冶しなければならないのは生産者というものではなくて，人間なのであり，その人間にあれこれの方法でより十全に生きる可能性を与えなければならないのである[14]」と，この二つの教育を分離するのではなく，いずれも人としての成長のために求められる教育であるとして認識しなければならないと述べている。

「また，教育の他のすべての方式でも同じことだが，一番主要な方法は，学び方を学ぶことである。職業教育がその能力を全面的に発揮することができるのは教育のうちのこうした生涯教育的な見通し，あるいは今述べた特定のばあいには，生涯学習的見通しともいえるが，そういった見通しの結果なのである[15]」と，「職業教育と一般教育の一致と統合[16]」の重要性を強調し，人間として個人が学び続けることの必要性を述べている。

さらに同章において，個人の要求と教育との関係を次のように述べている。「生涯教育は，その原理の一つとして，発達の統合的な統一性を強調する。このことによって，個人の要求と実際の教授とのあいだの「永続的な連絡」をつけるカリキュラムおよび教授方法が中心だとのアイディアへの道を開くのである。個人が自分の可能性を実現するのは，労働生活，文化生活，一般教養およびその他のいろいろな場面を通じてなのだが，この目的のために行われる教育を，個人の要求にあったものにすることは，生涯教育の概念によってのみ可能になる[17]」というのである。すなわち，今まで個人は自分の受ける教育との間に「不可能な妥協[18]」を要求され，個人が教育体制に合わさなければならなかった。しかし，これからは個人の人生の各時期や，様々な状況に対応し，多様な教育を提供できる体制を作ることにより教育体制が個人の教育要求に対応するのであると主張している。

ラングランが1970（昭和45）年に著した『生涯教育入門』には「生涯教育は，教育訓練のこれら異なった諸契機を，人が自己自身を矛盾しないように，和解

させ調和させるための努力を代表するものである。生涯教育は，人格の統一的全体的かつ継続的な発達を強調することによって，職業，人文的表現力，一般的教養，その他各人がそのために，またそれによってことを成し自己を実現するようなさまざまな立場が必要とするものと，そのための教育訓練との間に，恒久的なコミュニケーションを創り出すような教育の過程や方法を思いつくようにと誘うものである」[19]とあり，生涯教育が個人を中心とした統合であること，またその統合によってこそ生涯教育が意義をもつことが明らかにされている。

　生涯教育とは，学習機会が，人が生まれてから死ぬまでの人生の各段階において継続的に学校だけではなく家庭や社会のあらゆる場に確保されるよう統合することである。また，一般教育と職業教育等の教育内容の統合である。すなわち，生涯教育は時間的（垂直的）統合と空間的（水平的）統合および一般教育と職業教育の統合である。それらはすべて人間を，すなわち個人を中心とした統合である。

　またラングランは，ワーキング・ペーパーの第2章「生涯教育の体系」において「生涯教育は目下のところ「制度化」された教育とはいえない。……ありていにいうと，生涯教育の意味するところは，「実体」ではなくて，ある種の用語例，ある種の一連のアイディア・原則，またはある一連の関心および研究方向をさししめすにすぎないものである。だが，そのような現状においても生涯永続教育のアイディアが，現在世界中で進行している教育現象をたいへんよく解釈するのに役立つことはうたがいない。いや，単に解釈に好都合だというだけではない。このアイディアを実施に移せば，教育の体系をかえてしまうような本質的な変化をもたらすこともまた確実である」[20]と述べている。

　すなわち，あくまで概念提起であるが，今までとは異なるまったく新しい教育概念によって，教育体系を再編し，教育に本質的な変化を打ちたてようというのである。

　生涯教育というと，生涯という語に注目され，現在ある教育をずっと先の生涯にまで，ただ延長するととらえられる場合が多い。また，単に幼児期から高齢期までの教育を指すものであると思われがちである。しかし，重要なのは教育の方であり，生涯にわたる教育の内容そのものである。ラングランは，生涯

Ⅰ　創り上げる生涯学習

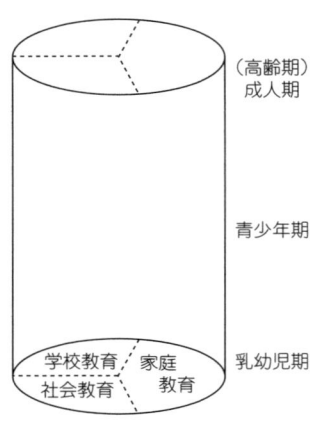

図Ⅰ-1　生涯学習ボール

教育という新しい概念によって、教育体系の本質的変革を目指したのである。

　日本において、今日でも生涯教育は、社会教育の別称であると思われているきらいがある。しかし、生涯教育は、学校、家庭、社会のすべての場において行われてこそ成立するのである。ラングランも学校教育の変革を重視しているのである。

　生涯教育とは水平的一部を構成する社会教育のみを指すものでもなく、また垂直的一部の成人期のみを指すものでもない。空間と時間が人間の成長を目的とする教育で統合されたものでなければならないのである。生涯教育の範中は図Ⅰ-1（筆者作成）のように立体的に表すことができる。学校、家庭、社会の区切りは以前は実線で示されたが、現在では点線になった。また、この点線も将来は無くなっていくということができる。

　生涯教育を体系へと推進するための具体的な計画として、ワーキング・ペーパーは「生涯教育の計画化には、まず第一に、決定権をもち、投資に必要な資金源を握っている機関、つまり、公権力が大切である」[21]と国や地方自治体が積極的に役割を果たす重要性を強調している。同時に「労働組合、協同組合、その他の多くの機関が、教授と訓練と文化振興のプログラムの実施にあたって決定的な役割を演じる任務がある」[22]ことも加えている。さらに生涯教育にとって有利な立法的、行政的手段を具体的に挙げ、労働日の調整や、文化休暇、教育の組織と制度について言及している[23]。

（2）日本における提起とその社会的背景

　1965（昭和40）年12月に開催されたユネスコの国際成人教育推進委員会に出席した波多野完治は、日本ユネスコ国内委員会発行の『社会教育の新しい方向—ユネスコの国際会議を中心として—』に、ラングランの生涯教育の提起につ

いて詳しくその所以と内容を説いている。

　この会議は、もともと5月に開催される予定であったにもかかわらず12月まで延期された。その理由の一つが「この会議で「生涯教育」というような、社会教育の大きな改革が議せられるためには、その前にいくつかの前提がなければならなかったのである。その前提とは直接にはテヘランの「文部大臣会議」であった。これは10月に行なわれたものであるが、ここで社会発展における教育の重要性が確立され、それが生涯教育の前提となったのである。テヘラン会議がないと、社会教育を生涯教育として、学校教育と統合（integrate）することの重要性がはっきりしなかったろう[24]」と波多野は述べている。生涯教育が学校教育と深くかかわっているがゆえに、テヘラン会議の会意を必要としたのである。

　またディスカッションにおいて、波多野が人間は一生修業だという思想があるとして「吾十有五にして学に志し、三十にして立つ。四十にして不惑。五十にして天命を知る。六十にして耳従う。七十にして心の欲する所に従へども矩を踰えず」という論語の一部について話をした。それに対してラングランは、今日、特に生涯教育を主張しなければならなくなったのは、人格形成の面だけが理由ではなく、「知性」の面からであり、そこに昔の生涯教育と今の生涯教育との大きな違いがあると述べたということが紹介されている[25]。

　ラングランは教育界における最近の目立った傾向として次の二つを挙げている。その一つは「学校教育と社会教育との境界が不分明になり、この二つの中間的な形がたくさん現われてきたこと[26]」である。

　学校教育は人生の初めに、社会教育は学校教育を終えてから続くというのは古い形となった。今や医学の分野や科学技術の分野においても、その他のビジネスの分野においても、学校教育の形で学び続ける必要性が出てきた。これは社会教育が学校教育的な形態で行われるようになったからである。また学校教育にも社会教育の方法が取り入れられていることが指摘されている。

　もう一つは「学校の生活化」ということである。「学校を生活に近づける、というところにはじまるが、しかし、それの行きつくところ、生活の学校化をもたらさざるを得ない。生活と学校とは一つになるのである。学校は生活の一

部でなければならぬが，同時にまた生活は学校と対立したものであってはならないのである」[27]，「こういう二つの傾向は，すでにルネ＝マウ ユネスコ事務局長が，1965年1月第70回執行委員会の開会にあたって，はっきり指摘したところであるが，こういう傾向をつきつめていくと，学校教育と社会教育とを従来のようにはっきりと分けてしまうのは考えものだ，という思想に達する。この二つの教育は，今や融合しつつある。したがって，この二つの教育を総合において考え，これを発展させるべき原理をくふうすべきである。学校教育と社会教育とのおのおのに，まったく異なった教育原理を指定するのは誤りで，いまやこの二つを合わせて説明しうる統一的な教育理念の必要な時代にいたった。この新しい統一的理念が「生涯教育」だとラングランはいうのである。つまり，この理念においては，社会教育と学校教育とは対立したものではなくなり学校教育も「生涯教育」の一つの部分になる」[28]，「現代における学校教育と社会教育との融合の様相をはっきり示すには，生涯教育という語をつかわなくてはならない，とラングランは考える」[29]と波多野は述べている。

　民主主義と生涯教育に関しても次のように記述されている。「現代は民主主義の「物的条件」がそろった時代である。物の生産も豊かになり，また，通信すなわちコミュニケーションの手段も民主主義の成就にじゅうぶんなほど発達してきた。しかし，これらは物的条件だけなのである。これを使いこなして，真の民主的な社会をつくりあげていくのには，それだけの「心の条件」が伴わなくてはいけない。民主主義は行政や制度だけの問題ではない。それらを運用していくことが民主主義の中身になるのであるから，教育がそれに伴ない，「心」自体が民主主義というかなりむずかしい機構を使いこなしていけるだけに向上していかなければならない。この場合の教育が学校教育でないことはいうまでもなかろう。民主主義は社会全体の問題である。これが学校という狭い，限られた範囲での修練で，万事うまくいくとしたら，奇跡である。時間的には人間の一生，空間的にはその社会の全域にわたる，成員全体の教育的努力が，現在，民主主義の達成のために必要なのである」[30]というのである。

　ラングランは「生涯のすべての時期，すべての場所に教育がある」として，以下の10の教育の場所と機会を挙げている。それらは(1)生涯の長さ，(2)夫婦，

第1章　世界に広がる生涯教育の理念

(3)親子，(4)学校，(5)職業教育，(6)余暇，(7)芸術的経験，(8)スポーツ，(9)マス・コミ，(10)市民教育である。[31]

また，ラングランは生涯教育の必要な理由を以下のように挙げているという。(1)人口増大，(2)技術の進歩，(3)社会構造の変化，(4)新しい責任…社会の成員すべてがデモクラシーの原理に従って行動し，その制度を生かす工夫をすること，(5)文化のデモクラシー，(6)余暇の問題，(7)生活と行動の模範の消失…今までは外部にあったが，今では自分で一つの原理を創造し，自己を規定していくこと，(8)生涯教育の役割と意味…未来に目を向けた教育として，内容をではなく「認識の仕方」「判断の仕方」を教えねばならないことの8点である。[32]

それらはすべて日本の現状に一致していることを示し，波多野は「教育はこういうふうになると，「成人」になるための準備ではなくなる。それは人間の可能性を取りだし，真の自己実現のために行われるところの「一生涯を通じての」活動でなくてはならないことになる。一生自分の可能性を伸ばしていける独学者をつくることが，教育の目的であり，それは一生涯続くものだ，という特徴をもつものである」と結んでいる。[33]

波多野による生涯教育の提起の紹介ののち，その概念が受け入れられていく日本の社会的背景として，大きくは次の四つを挙げることができる。

まず，社会環境の急激な変化である。科学的技術の革新が経済や社会構造に大きな変化をもたらした。人々の生活は，従前のものとは変わり，家庭生活においても，職業生活においても，社会生活においても，今までの学校における教育だけでは対応していくことができなくなった。主体的に学び続けることによって，変化に対応していくことが必要になったと同時に，その自己学習の能力を培う必要がでてきたのである。

次に，社会の固定化が緩和される方向に進む中で，個人の職業移動を確保し，幅広い職業の選択や再就職を可能にする必要が生まれた。さらに，それぞれの分野で高度な生産性を維持するのに必要な新しい知識と技術を得るために，また科学技術の進歩に遅れをとらないために，学習し続けることが必要となった。

第三に，生きがいや自己実現への欲求が高まったことである。生活水準の上昇，生活のゆとり，平均寿命の延び，自由時間の増大，余暇活動の活発化等に

ともない，自己実現の欲求が高まってきた。また価値観の多様化をはじめ，個人の生き方に対する考えの変化も急速に早まりつつあった。

第四に，学校教育偏重が生み出してきた教育のゆがみとその弊害の解消である。教育が時代と社会の変化に合わなくなってきた。学校教育の閉鎖的，硬直的，画一的な体系や，特に日本においてみられる学歴偏重や極端な管理教育が負の副作用を生み出し，豊かな人間形成を妨げることとなった。日本においては，陰湿ないじめ，子どもの自殺，不登校，青少年非行，校内暴力，家庭内暴力，偏差値偏重の受験戦争の過熱，いわゆる問題教師，体罰等に現れている教育の荒廃が生まれてきた。すなわち学校改革をはじめとする教育改革が必要となってきたのである。

このような変化の中にあって，自己の可能性を自己自身で伸ばし，自己実現できる人間を育てる教育として，生涯学習が求められた。そのために教育を統合し，生まれてから死ぬまでの生涯にわたる学習を保障しようとしたのである。

注
1) ニコラ・ド・コンドルセ，松島鈞訳『公教育の原理』(世界教育学選集23) 明治図書出版，1972年，p. 9.
2) 同上書，p. 9.
3) 同上書，p. 45.
4) 同上書，p. 23.
5) 同上書，p. 150.
6) ポール・ラングラン，波多野完治訳「生涯教育について」(成人教育推進国際会議委員会でワーキング・ペーパーとして提出されたもの)，森隆夫編著『生涯教育』帝国地方行政会，1970年，付録.
7) 同上書，pp. 260-261.
8) 同上書，p. 261.
9) 同上書，pp. 261-262.
10) 同上書，p. 262.
11) 同上書，pp. 264-265.
12) 同上書，p. 265.
13) 同上書，p. 265.
14) 同上書，p. 266.

15) 同上書, p. 266.
16) 同上書, p. 267.
17) 同上書, p. 260.
18) 同上書, p. 260.
19) ポール・ラングラン, 波多野完治訳『生涯教育入門 第一部』財団法人全日本社会教育連合会, 1990年, p. 58.
20) 森隆夫, 前掲書, p. 259.
21) 同上書, p. 269.
22) 同上書, p. 269.
23) 同上書, pp. 269-271.
24) 日本ユネスコ国内委員会『社会教育の新しい方向――ユネスコの国際会議を中心として―』日本ユネスコ国内委員会, 1967年, p. 37.
25) 同上書, pp. 35-36.
26) 同上書, p. 37.
27) 同上書, p. 39.
28) 同上書, p. 39.
29) 同上書, p. 39.
30) 同上書, pp. 45-46.
31) 同上書, pp. 46-51.
32) 同上書, pp. 40-45.
33) 同上書, p. 45.

Ⅰ　創り上げる生涯学習

第2章

生きることを学ぶ生涯学習

1　フォール報告が描く未来

　1971（昭和46）年にユネスコが設けた教育開発国際委員会（International Commission on the Development of Education）は1972（昭和47）年に *Learning to be ―The world of education today and tomorrow* を公刊した。この報告書は委員会の会長がフランスの元首相・文相であったエドガー・フォール（Edgar Faure）であったことからフォール報告と呼ばれている。フォール報告は一つの委員会の報告書でありユネスコの公式の見解ではないが，ユネスコの生涯教育に対する考えが結実したものであるということができる。フォール報告第1篇のタイトルは「発見（Findings）」であり，世界の教育の動向を，第2篇「未来（Future）」では，未来への挑戦を，第3篇「学習社会を目指して（Toward a learning society）」では学習社会実現のための戦略を記している。

　そのタイトル *Learning to be* は『未来の学習』と訳されている。平塚益徳は，この『未来の学習』の日本語版に，「今20世紀，特にその後半の人類社会の一大特性は，教育がその長い歴史の上で初めて人類的な規模，また発想において把握されだしたことである。……生涯学習の原理によって全教育体系を再整備することへの提言，さらに教育における国際協力の大理想実現の具体的方策の探究への真剣な努力など，わが国教育界の全分野に対して，極めて貴重な示唆を与えるものというべきである[1]」と記している。教育の概念の変革が，社会と人間の生き方に大きな影響を与え，また今後も大きな変化をもたらすであろうことが想像できる。

　エドガー・フォール委員長からルネ・マウ（René Máheu）国連教育科学文化機構（UNESCO）事務総長への書簡には「伝統的な方式や部分的な改革では，

果たされるべき新しい役割と機能から生ずる教育に対するこれまでに先例のない強い需要に応えることはできません。したがってわれわれは，実際にはきわめて非能率のゆえに大変高くついてしまうようなひかえ目で中途半端な手段を拒絶し，未来への期待を抱かせる発見や，その他の要因——近年開発された知的手法，概念的接近法，そして，高度技術的進歩——に着目したのです。もちろん，こちらは，前述した教育の普遍的最終目標，すなわち完全な人間を育成する目標に一致する全面的革新の文脈の中でとらえるところまで含めてのことです」[2]と今までにない教育改革の提案であることが強調されている。

　また，この報告書作成の基礎的な前提（仮定）として次の四つが挙げられている。

　第一に「国民性，文化，政治的選択，発展の度合いがさまざまに異なる中で，共通の希望，問題，趨勢，そして一つの同じ運命に向って進みつつある姿の中に反映されている国際社会が存在するという仮定」であること。

　第二に「民主主義に対する信念であり，これは，自己の潜在的可能性を実現するとともに，自己の未来の形成にみずから参与する，各個人の権利を意味するものとして考えられ」，「民主主義をこのようにとらえるならば，そのかなめとなるのは教育であり，それはすべての人々に開かれている教育というだけでなく，その目的と方法についても新たに十分な考慮がなされている教育」であること。

　第三に「開発の目的が，——個人として，また家族の一員，コミュニティの一員として，市民，生産者として，技術の発明家，創造的夢想家として——の人間の完全な実現であり，それは人格を最高度に高め，複雑な表現やさまざまな活動を可能にするもの」でなければならないこと。

　最後に「全面的かつ生涯にわたる教育のみが，この「完全な人間」を創造するものであるということであり，その完全な人間に対する必要性は，個人を分裂化させ，絶えずより緊迫化しつつある束縛とともに，増大し」，「われわれはもはや，一度にすべての知識を，いきとどいた形で獲得しうるはずはなくて，全生涯を通じて，絶えず進展する知識の実態を構築する方法を学ぶ——「生きることを学ぶ」——べき」[3]ことである。

Ⅰ 創り上げる生涯学習

　この四つの前提（仮定）からも，生涯学習とは，小手先の教育改革ではなく，深淵かつ壮大な教育の創造であり，大きく人と社会を変革するものであることがわかる。なお，第四の前提（仮定）において，「生きることを学ぶ」と訳されているが，原著においては learn to be と記されている[4]。本書第Ⅱ篇第3章において learn to be およびこの報告書のタイトルである learning to be の意味を考えてみたい。

　1900年代の初め，北アメリカにおいては成人教育の目的として，the whole person が用いられていた。the whole person は，伝統的なリベラル教育から生まれたものであり，合理的かつ批判的思考ができ，洗練された美的感覚を有し，道徳的に優れ，健康を維持できる人間，さらにこれらの資質がうまく統合されている人間を指す[5]。その人間像はフォール報告のコンプリートマン（the complete man）すなわち完全な人間に通じる。

　第2篇「未来」の第6章「到達すべき目標」の第4節は「完全な人間を目指して」である。その中で，人間の精神の中の恒常的特性として幸福の追求が挙げられており，その幸福は欲求の機会的満足ではなく「自己の潜在的諸能力の具体的な実現と，さらに自分の運命，すなわち完全な人間（the complete man）という運命に融和したものとしての彼自身についての彼の考え方と同一視されるのである[6]」と述べられている。

　しかし，現在においては「人間は四方八方から分裂，緊張，軋轢[7]」にさらされており，the man divided[8]「分割された人間[9]」であるとしている。「人間をとりまく一切のものは人間のパーソナリティーを構成する諸要素の分裂を促している[10]」として，社会の階級分裂，仕事からの疎外や仕事の性格の断片化，物質的価値と精神的価値の分裂等が挙げられている[11]。また「教育の作用のし方，若者たちへの教育の提供のし方，青年に与える訓練，何びとも避けることのできないマスコミの情報，これらの一切がパーソナリティーのこのような分裂をもたらしている[12]」と指摘している。

　つまるところ「人間の身体的，知的，情緒的，倫理的統合による「完全な人間」の形成は教育の基本的目標の広義の定義である[13]」と，完全な人間になることを教育の目標とし，学習社会における実現を目指しているのである。

生涯教育というのは万人が生涯にわたって学習を続けられるようにする生涯学習の保障である。今後我々は生涯教育について考察を深め検討を重ねていかなければならない。そこで重要なことは生涯教育を論ずる時，我々は，どのような社会において何のために学習するのかということを確認しておかなければならないということである。生涯教育は人間の生き方への思考なくしては語りえないものなのである。

2　ジェルピの闘争の戦略としての生涯学習

ラングランの後を継ぎユネスコの生涯教育担当官となったエットーレ・ジェルピ（Ettore Gelpi）は，生涯教育の創造すなわち実現化に向けて様々な提示をしている。彼の考えは生涯教育を具体化していく上で，重大な示唆を与えるものである。彼は生涯教育の現実化に関して「生涯教育という概念に内包されている曖昧さは，それが，経験され，実践に移される時に消える。すべての人，すべての年代の人に教育を。しかし，それはどのような目的のもとに，どのような手段で実現されるのか。生涯教育は，生産性の向上や従属の強化のためにとり入れられ，結果的に既成秩序の強化の具と終わる危険を内包している。だが反面，それとは異なった道を選択することによって，労働や余暇のなかや社会生活や愛情に支えられた家庭生活のなかで，人々を抑圧している者に対する闘争にかかわっていく力ともなりうるのである[14]」と述べている。生涯教育とは実践されないとわかりにくいものであり，今まさに築こうとしている段階では，曖昧でつかみがたいものなのである。ジェルピは，我々がその生涯教育を創っていくのだということを強調し，それだけに，いかようにでも創り上げられる危険性を警告し，その目的と手段に注意を注がなければならないと訴えているのである。

さらに彼は，生涯教育の概念は，教育実践の機会とその再認識によって歴史的に豊かになったとし，生涯教育は，社会的需要，生存への要求，経済的，文化的欲求に対応する等，いくつかの展望をもちうるとしている。さらに，一つの展望が選択されると，その展望に応じて，その特定の社会や時代にみあった

I 創り上げる生涯学習

生涯教育が発展してきたと生涯教育を肯定的にとらえ，大きな期待を抱いている[15]。

彼は生涯教育の実現化において，その具体化されたものが一定の普遍的なものとはみていない。

> 高度に工業化された経済と農業経済中心の社会は，当然，異なった教育要求を表明する。しかし，その欲求は，生涯教育の観点からみれば，その重要性に変わりがあるわけではない。ある社会においては，重工業的企業や，新しい"第三次"部門，あるいは"第四次"部門は，新しい教育需要ということからいえば，一つの推進力となるかもしれない。
>
> しかし，これと異なる労働と生産システムを持った他の社会では，まったく異なる特色の故に，社会生活，コミュニティ・ライフが，同様に新しい創造的な教育形態への欲求を生じさせる可能性を持っている。これらのダイナミックな諸要素を，現存する教育制度がどのように消化するのか，あるいは逆に，どのようにその発展を妨げるのだろうか。社会が異なれば，新しい教育要求に対する制度のあり方が著しく異なることを示している。つまり，教育制度改革への諸個人や社会集団の参加の度合，この制度を構成する種々の要素における統合のタイプやシステムの修正のしかたの違いがあるのである[16]。

すなわち生涯教育は，我々が我々自身の手で創り出していかなければならないものであり，どこにでも通用するひな形はないのである。だからといって何でも生涯教育と呼べばよいわけではない。理念を正しく把握し，その社会に最も相応しい生涯教育をその社会を構成する人間が創っていかなければならないのである。誤った理念や方法に基づいて制度が作り上げられた場合，社会を構成する人間がその制度によって抑圧を受けることになるのである。

『生涯教育――抑圧と解放の弁証法』を訳した前平泰志は，その解説において，「生涯教育が，絶対的な理論ではなく，弁証法に基づいたものであるのは，「理想化されたアプローチ＝現代社会における教育的，文化的要求への新しい

グローバルな解答としての生涯教育」と「否定的アプローチ＝操作の新形態としての生涯教育」といった二つの対立する議論のいずれかを選択する不毛性を彼は感じとっているからであり，この不毛性を克服するための実践の戦略を提起しようとするからである[17]」として，制度化された構造と制度をつくる運動との弁証法，教育変革と社会・経済・文化変革の弁証法，都市と農村，社会階級，男性と女性，中心部と周辺部の矛盾の乗り越えについての，ジェルピの関心の大きさを強調している[18]。また，ジェルピの生涯教育論への貢献として，生涯教育の中に労働を大きく位置づけたことを挙げている。「労働の組織と教育の組織は，近代工業制の成立以来，奇妙な一致をみながら進行してきた。「あらゆる労働の変革は，教育変革のための出発点のひとつである」とするジェルピは，生涯教育の観点において，「労働の場」にある労働者の日常的な実践こそ注目されなければならないと主張する[19]」と述べている。さらに，自主管理について，「また自主管理は，それ自体が教育実践であると同時に，教育や訓練の動機に決定的な影響を与えることを見逃してはならない[20]」と述べている。

　同書には，「生涯教育の新しい波」と題して，海老原治善が，ジェルピの生涯教育戦略として，特徴を5点挙げている。その一つは，問題を弁証法的に追及している方法論にあるとして，人間抑圧の現実を解放へ向けて変革していく不断の活動——闘争の戦略として，生涯教育を展開しようとしていることである。二つめは，社会的立場の明確化であり，教育で不利益を受けている人々，抑圧されている人々，排除され，搾取されている集団の要求に生涯教育は応えるべきであるという立場を表明していることである。また第三世界の人民，疎外された産業労働者，移民労働者とその家族，文化と言語における少数民族，女性，失業者，退職者の教育要求に応える人権としての生涯教育の推進を求めていることである。したがって三つめは，従来の"変化に適応するための生涯教育"という受動的な発想ではなく，自らが責任をもって，教育の目標，内容，方法をひとりの人間として自己決定し，学習していく「自己決定学習 (self-directed learning)」という新たな概念を提起していることである。すなわち，被搾取・被抑圧・被差別からの人間の解放への自己決定の学習としていることである。四つめは，生涯教育の構築を労働者の日常的な労働の原点から考

察しようとしていることである。「すべての労働者が，彼らに影響を与える諸決定に参加」する自主管理による労働の解放を目指すとし，このために必要な知識，教育，訓練こそが，生涯教育の原点であるとする。海老原は，これは日本の生涯教育論において欠落している部分であると指摘している。最後は国際的視野から問題提起をしていることである。民族の自立的発展にみあう生涯教育の提起と同時に，先進工業国労働組合における第三世界問題への学習の取り組みを生涯教育の課題であると提起していることである。[21]

ジェルピは，1987（昭和62）年の来日の際，日本の教育の課題について言及している。まず第一に「みんなで教育をすすめる」と題し，教育が子どもや青年に対してだけでなく，成人を含めたすべての人々のために存在するようになったにもかかわらず，人々は受動的に教育を受けており，教育への参加が不十分であると指摘している。教育は常に人々の主導権とイニシアティブによって行われなければならないと述べている。

第二に，「生涯教育と平等」と題し，新しい生涯教育政策には，教育機関だけでなく，すべての人々がかかわらなければならない。同時に，学校，大学，地方のコミュニティ・センター，地方自治体等の公的な機関は，教育が民主的に平等に行われるために，重要な役割を果たすべきであると述べている。

第三に「生涯教育の文化的・社会的側面の重要性」と題し，文化への施策不足を指摘するとともに，文化の創出の重要性を強調している。物を買うことだけが消費ではなく，文化的消費こそが重要なのである。文化面において，日本は文化の享受と創造の両面に対し，多額の投資が可能な国であると指摘している。すなわち教育は，人々がもっている創造性・創造力に刺激を与える役割を持っていることを強調している。

第四に「生涯教育政策と受験体制の問題」と題し，あまりに厳しい受験体制の中では，子どもたちは本当の意味での教育を受けているとは言い難いと警告している。あまりにも多い試験は，創造性や探求心を殺しこそすれ，刺激することはないとして，これらの問題を解決するためには，日本人自身が生涯教育について，議論する必要があると述べている。

第五に「教育制度における差別の問題と生涯教育」と題し，教育制度内部に

おける差別と闘うと同時に，人々に対して，多くの教育機会を保障していく必要があると述べている。

最後に「生涯教育ネットワーキング」と題し，様々な教育機関が，一つの権力によって統制されることの危険性を指摘している。それぞれが，独立して様々な形で教育機会を提供することが必要であり，人々はその様々な教育機関・施設で学ぶことが重要であると強調している[22]。

これらは，ジェルピの生涯教育に対する姿勢を示していると同時に，日本の教育の今後の在り方に大きな示唆を与えているということができる。

注
1) エドガー・フォールほか，フォール報告書検討委員会訳『未来の学習』第一法規，1975年，ページ数なし．
2) 同上書，p. 2.
3) 同上書，pp. 1-2.
4) Faure, Edgar et al., *Learning to be The world of education today and tomorrow*, Unesco, London : Harrap, 1972, p. vi.
5) Beder, Hal "Purposes and Philosoplies of Adult Education", Merriam, Sharan B. and Cunningham, Phyllis M. ed., *Handbook of Adult and Continuing Education*, San Francisco : Jossey-Bass, 1989, p. 43.
6) フォールほか，前掲書 p. 184.
7) 同上書，p. 184.
8) Faure et al., *op. cit.*, p. 154.
9) フォールほか，前掲書 p. 184.
10) 同上書，p. 184.
11) 同上書，p. 184.
12) 同上書，p. 184.
13) 同上書，p. 184.
14) エットーレ・ジェルピ，前平泰志訳『生涯教育――抑圧と解放の弁証法』東京創元社，1986年，p. 16.
15) 同上書，p. 16.
16) 同上書，p. 17.
17) 同上書，pp. 262-263.
18) 同上書，p. 263.

19) 同上書，p. 263.
20) 同上書，p. 264.
21) 同上書，pp. 275-279.
22) エットーレ・ジェルピ／海老原治善編著『生涯教育のアイデンティティ』エイデル研究所，1988年，pp. 34-46.

第3章
学習者の主体性が重視される生涯学習

1 成人教育の発展に関する勧告にみる学習者中心の原理

　生涯教育はその概念が広まり，様々な状況に応じていろいろな形で実現されてきた。1976（昭和51）年にはナイロビにおいて第19回ユネスコ総会が開かれ，「成人教育の発展に関する勧告（Recommendation on the Development of Adult Education）」が採択された。そこでは生涯教育は次のように定義されている。

　　生涯教育及び生涯学習は，現行の教育制度の再編成及び教育制度の範囲外の教育におけるすべての可能性を発展させることの双方を目的とする統合的体系をいう。この体系において男性と女性は，各人の思想と行動の不断の相互作用を通じて，自己の教育を推進する。教育及び学習は，就学期間を限定されるものではない。教育と学習は生涯にわたるものであり，あらゆる技能及び知識を含むものであり，あらゆる可能な手段を活用すべきものであり，そしてすべての人に対して人格の十全な発達の機会を与えるべきものである。児童青少年及びあらゆる年齢の成人が，生涯のそれぞれの時期に参加する教育過程及び学習過程は，形態のいかんを問わず，ひとつの一貫したものとしてとらえられなければならない。[1)]

　上記のように勧告は，現行の教育システムの再編を目指している。学校教育や社会教育の単なる量的拡大を図るだけでは生涯教育とはいえず，再編が必要であることを明確にしている。日本においては生涯教育というと単に「いつでも，どこでも」と表現されることが多い。しかし，システムの再編をも含むことを忘れてはならない。さらに，あらゆる手段，すなわちそれぞれに適した学

習方法の活用を見落としてはならない。また既存の教育機関や施設だけでなく教育システムの外部にある教育として利用可能なすべての資源の開発，活用が求められているのである。

　勧告作成の議論の中で強調されたことは学習者中心の原理である。学習者は単に対象であるのではなく，学習過程の企画促進と深いかかわりをもつ。学習者のもつ知識や経験を活用し，学習にかかわる意思決定に個人または集団や地域社会が参画するようにするべきなのである。この学習者が帰属する集団，地域，または国によって条件は異なる。それぞれの集団や地域に最も適した方法で，生涯学習は進められるべきことを意味している。上記の勧告における生涯教育と生涯学習の併記は，学習者中心の原理を強く表しているということができる。

2　権利となった生涯学習──学習権宣言

1985（昭和60）年の第4回ユネスコ国際成人教育会議においては次のような「学習権宣言（The Right to Learn）」が採択された。

　　　学習権　第4回ユネスコ国際成人教育会議宣言（1985年）

　　学習権の承認は，人類にとって，いまやこれまで以上に，重要な要求になっている。
　　学習権とは，
　　　読み書きを学ぶ権利であり，
　　　質問し，分析する権利であり，
　　　想像し，創造する権利であり，
　　　自分自身の世界を読みとり，歴史を書く権利であり，
　　　教育の機会に接する権利であり，
　　　個人的・集団的技術をのばす権利である。
　　成人教育パリ会議は，この権利の重要性を再確認する。
　　学習権は未来のためにとっておかれる文化的ぜいたく品ではない。

第3章　学習者の主体性が重視される生涯学習

　それは，生存の問題が決着したあとにのみ，得られるものではない。
　それは，基礎的欲求が満たされたあとの段階で得られるものではない。
　学習権は人が生きのびるのに，不可欠なものである。
　世界の人びとが，もし食糧生産や，人間にとって不可欠なその他の欲求がみたされることをのぞむならば，学習権をもたなければならない。
　もし女性と男性がより健康な生活を楽しもうとするなら，彼らは学習権をもたねばならない。
　戦争をさけようとするなら，われわれは平和に生きることを学び，たがいに理解することを学ばねばならない。
　「学習」はキーワードである。
　学習権なしに，人間の発達はありえない。
　学習権なしに，農業や工業の躍進も，地域保健の発展も，さらに，学習条件の変化もないであろう。
　この権利なしに都市や農村ではたらく人たちの生活水準の改善もないであろう。
　すなわち，学習権は，今日の人類の深刻な問題を解決するのに，もっとも貢献できるもののひとつなのである。
　しかし学習権は，単なる経済的発展の手段ではない。それは，基本的権利のひとつとして認められなければならない。
　学習活動は，あらゆる教育活動の中心に位置づけられ，人間を，できごとのなすがままに動かされる客体から，自分たち自身の歴史を創造する主体へ変えるものである。
　それはひとつの基本的人権であり，その合法性は万人に共通している。学習権は人類の一部のものに限定されてはならない。それは，男性や工業国や有産階級や，学校教育を受けられる幸福な若者達の排他的特権であってはならない。パリ会議は，あらゆる必要な人的・物的条件をととのえることによって，教育制度をより公正な方向へと再検討することによって，さらに，さまざまな地域で成功した方策をとりいれることによって，この権利の具体化と効果的実現に必要な条件の創造を，すべての国に要望する。

I　創り上げる生涯学習

　　われわれは，政府・非政府のあらゆる組織が，国連・ユネスコ，および世界的規模でこの権利を促進する他の専門機関とともに活動することを切望する。

　　エルシノア，モントリオール，東京，パリとつづいたユネスコ会議において記録された成人教育の偉大な進歩にもかかわらず，一方では問題のスケールと複雑性，他方では適切な解決法を見出す個人やグループの能力とのあいだの間げきはせばめられなかった。

　　1985年3月，ユネスコ本部で開かれた第4回国際成人教育会議は，これまでの会議でおこなわれたアピールをくりかえし，現代の問題のスケールの大きさにもかかわらず，いやそれだからこそ，あらゆる国につぎのことを要請する。すべての国は成人教育活動の強力で明確な発展をもたらす断固とした，想像力に富む努力をおこなうべきである。そしてその活動は，女性及び男性が，自分たちで，目的，必要条件，実施の手順をえらぶタイプの成人教育であり，その展開に必要な教育的，文化的，科学的，技術的条件が，個人的にも集団的にも，自分たちのものにするべきである。

　　この会議は，女性と女性団体が貢献してきた，人間関係に関する熱意と方向を評価し，絶讃する。その独自の経験と方法は，平和や男女間の平等のような，人類の未来にかかわる基本的問題の中心に向けられたものである。したがって，成人教育の発展と，より人間的な社会をもたらす計画への女性の参加は不可欠である。

　　人類が将来どうなるかを，だれがきめるのか。これは，すべての政府，非政府組織，個人，グループが直面している問題である。これはまた，成人教育の仕事をしている女性及び男性の問題である。また，個人から集団へ，全体として人類へとつらなるすべての人たちに，自己と自分たちの運命を統御可能にさせようとしている人たちが直面している問題である。[2]

　　この宣言によって，すべての国々が成人教育および生涯学習に強い関心をもっていることが確認され，学習者中心の生涯学習概念が一層強固なものとなった。生涯学習は，一部の人の特権でもなく，一部の人に与えられるもので

もなく，すべての人がもつことのできる権利となったのである。

　ジェルピはこの宣言によって，あらゆる国々において成人に対する様々な教育の機会を提供していくことが極めて重要であると，ある意味では，学校教育と同じ地位をもつべきだという認識が共有されたと述べている。

　またユネスコの関係者として宣言作成に様々な形でかかわっていたジェルピは，常により良いものを求める必要があるとして，次の三点を指摘している。

　第一は，宣言の中に学習する権利は謳われているが，教える権利について触れられていないということである。第二は，宣言一般にみられる弱さとして原則は出すが，その原則をどのように活用するかということについての明確な指針が提起されていないことである。最後に，学習権を考える際，学習する主体として想定されているのが誰か，また宣言の中に謳われている原則を実際に実行していく立場に立つべき文化的，社会的，あるいは知的な社会勢力というものが一体何なのかということを明確にする必要があるということである[3]。

　これらの問題は12年後の1997（平成9）年にハンブルグ（Humburg）で開かれた第5回国際成人教育会議で応えられることとなった。この会議は従来の国際会議のように政府間会議とNGO会議が同時並行的に開催されるのではなく，両者が同時に同じ土俵に立って会議を進行していった。政府機関と市民団体，労働組合，企業家等様々なグループとのパートナーシップが確立され，生涯学習を創り出す責任について言及されることとなった。

注
  1) Unesco, "Recommendation on the Development of Adult Education", *Unesco's Standard-Setting Instruments*, Paris : Unesco, 1981, pp. 5-6.
  2) 藤田秀雄編著『ユネスコ学習権宣言と基本的人権』教育史料出版会，2001年，ページ数なし.
  3) エットーレ・ジェルピ／海老原治善編著『生涯教育のアイデンティティ』エイデル研究所，1988年，pp. 67-69.

第4章
新しい社会の実現に向けた生涯学習

1 地球社会の学習としての生涯学習——ドロール報告

　1991（平成3）年11月のユネスコ総会において21世紀のための教育および学習に関して考察することを目的として設置されたのが21世紀教育国際委員会（The International Commission on Education for Twenty-first Century）である。この委員会は1996（平成8）年に報告書『学習：秘められた宝（Learning：The Treasure Within）』を提出した。委員長がジャック・ドロール（Jacques Delors）であったことから，ドロール報告とも呼ばれている。

　報告書の構成は，第1部「展望」であり，21世紀の主要な教育問題を社会，経済，世界情勢との関連で展望している。各章のタイトルは第1章「地域社会から国際社会へ」，第2章「社会的結合から民主的参加へ」，第3章「経済成長から人間開発へ」である。第2部は「教育の諸原則」であり，学習の四本柱を示した上で，生涯学習を21世紀の教育のキーワードとしている。第4章「学習の四本柱」において四本柱を示し，第5章「生涯学習」と続く。第3部が「方針」であり，将来の教育政策の課題の重点を示している。第6章「基礎教育から大学まで」，第7章「新しい展望を求める教師たち」，続いて第8章「教育の選択——政治的要因」，最後が第9章「国際協力——地球社会の教育」である。

　ドロールは序文において「この作業を終わるに当たって本委員会は，教育こそが個人と社会の発展にとって基本的な役割を果たすのだという信念を新たに確認するものである」[1]。また，教育は「貧困や疎外や無知や抑圧や戦争を減少させることができるであろう主要な手段の一つだと信じている」[2]と教育の力と役割の大きさについて述べている。さらに生涯学習に関して，「かくして生涯学習の理念は21世紀への枢要な鍵の一つとして浮上してきた。これは従来から

第4章　新しい社会の実現に向けた生涯学習

の学校教育と継続教育との区別の枠を越え，急速に変化している世界がもたらす種々の問題に対処しうるものである。……個人がその必要を満たすためには，いかに学ぶかを学ばなければならないのである[3]」と述べている。

学習の四本柱のうち，第一の柱は「知ることを学ぶ（Learning to know）」，第二の柱は「為すことを学ぶ（Learning to do）」である。ドロールは特に第三と第四の柱の重要性を強調している。第三の柱に関しては，「さらに新たな必要性も生じている。それは伝統的な生活形態の急激な変化によって，他者をよりよく理解し，世界全体をよりよく理解しなければならないということである。この変化のためにこそ，今日の世界で最も欠如している相互理解と平和な交流とそして何よりも調和が求められているのである。このような視点に立って，われわれの委員会は教育の基本として提案し敷衍しようとしている四つの柱のうちの一つを特に強調したい。それは他者とその歴史，伝統，価値観などに対する理解の増進と，それに基づいた相互依存の高まりへの認識と，将来の危機や諸問題に対する共通の分析に支えられて，人々が協力したり，不可避な摩擦を知性と平和的な手段で解決できるような新たな精神を創造する「共に生きることを学ぶ（learning to live together）」ということである[4]」と述べている。

また，四つめの柱である，「人間として生きることを学ぶ（learning to be）」に関しては，「これこそまさに1972年にユネスコによって出版されたエドガー・フォール報告書「人間として生きることを学ぶ：教育の今日と明日」（邦語訳「未来の学習」）の主要テーマであった。そこに掲げられている勧告は，今でも十分に的を射ている。なぜならば，人は来るべき世紀にこれまで以上の自立心と判断力をもって，共通の目的を達成するために，個人の責任感を一層強固にしなければならなくなるからである[5]」と述べている。第1部の章のタイトルにみられる変化と改革に対応して，人は共に生きること，そして，人間として生きることを学ばなければならないのである。

2　我々がつくる生涯学習——ハンブルグ宣言

1997（平成9）年に第5回国際成人教育会議が開かれた。従来の国際会議は

Ⅰ 創り上げる生涯学習

政府間会議と NGO 等の会議が同時並行的に開催されていたのだが，この会議においては，両者が同じ土俵に乗り，運営，進行されたのである。政府機関と市民団体，労働組合，企業家等様々なグループとのパートナーシップが確立されたのである。

「成人学習に関するハンブルグ宣言」には成人教育の目的と定義が次のように述べられている。

1．私たち，成人学習（adult learning）に関わる政府代表および NGO・機関の代表は，第5回国際成人教育会議の開催されるここ自由ハンザ都市ハンブルグに集っている。私たちは，人権を最大限に尊重することを基礎とする人間中心の発展と参加型の社会のみが，持続的で公正な開発をもたらしうることを再確認する。生活のあらゆる領域において男性も女性も十分な情報を得，効果的に参加できるようになれば，人類は生き延び，未来の課題に応えることができるようになるだろう。
2．成人教育（adult education）はこうして権利以上のものになる。つまりそれは，21世紀への鍵なのである。成人教育は活発な市民性の成果であると同時に，社会への完全なる参加のための条件である。成人教育は，生態系を維持するような開発を育くむための，民主主義と公正，ジェンダーの平等，科学的・社会的・経済的な開発を促すための，また，暴力的な紛争から対話と正義に基づいた平和の文化へと転換する世界を創り出すための力強い概念である。成人学習は人びとのアイデンティティを形成し，人生に意味を与えることができる。生涯にわたる学習は，年齢，ジェンダーの平等，障害，言語，文化的・経済的格差といったような諸要因を反映した学習内容を再検討することを意味している。
3．成人教育は公的なものであろうとなかろうと，社会により成人と見なされた人びとが自らの能力を開発し，知識を豊かにし，技術的・職業的な資質を向上し，またその資質を自分たちや社会のニーズに合わせて転換するために行われる全ての学習過程を意味している。理論的および実践的アプローチが認められる多文化型の学習社会では，成人学習には

フォーマル（formal）な学校教育や継続教育，ノンフォーマル（non-formal）な学習，およびインフォーマルな学習や副次的（incidental）な学習が含まれる。

︙

5．青少年教育および成人教育の目的は，生涯にわたるプロセスという観点から見ると，人びとやコミュニティの自律性と責任感を発展させ，経済・文化・社会全体の変化に対処する能力を強め，共存と寛容を促し，人びとが情報を得てコミュニティに創造的に参加できるように促すことである。すなわち，人びとやコミュニティが，直面している自分たちの運命や社会に対処できるようになることである。大切なのは，成人学習にアプローチする際には人々の伝統，文化，価値観，過去の経験を基礎に据えるということである。同時に大切なのは，市民の積極的な参加と表明を促すためには多様な方法がとられなければならないということである。[6]

︙

以下27まで続く。

　また，過去10年の間に成人学習は実質的な変化を遂げ，その範囲と規模は飛躍的に拡大したとし，新たなニーズが社会や職場からも引き出されるようになり，人々は生涯にわたって知識と技能を刷新し続けることを期待されるようになったとしている。さらに最も大きな変化として国（State）の役割が変化したことと，市民社会の中に成人学習推進のパートナーシップ（partnership）が台頭したことを挙げている。
　国は当然のことながらすべての人々の，特に，被差別集団や先住民等最も弱い立場の人々の教育権を保障し，全体的な政策枠組みを提供する役割を担っている。ただし，政府は成人教育サービスの提供者であるだけでなく，支援者，資金提供者であり，モニターをして評価する組織でもある。政府だけではなく，

そのパートナーとしての様々な，団体雇用者，労働組合，NGO，コミュニティ組織，先住民組織，女性団体も，人々が自分の教育ニーズや期待を表明できるようにし，生涯にわたって教育機会にアクセスすることができるように必要な措置を講じなければならないのである。政府部内においても，教育（文部科学）省のみが成人教育を担っているのではなく，すべての省が成人教育の推進にかかわっているのである。

今日では，国際間の協力が必要不可欠になっている。さらに政府機関以外の団体も，お互いに協力し合いながら生涯学習の機会を創出し，認識や認証を広める責任をもっていることを明確にしている。様々な団体が，国や公的機関と共に，各国，各地域に合った方法で，グローバルな課題に対処していくことが求められている。今後の社会づくりは"Think Globally, Act locally"の生涯学習が求められているのである。

3　行動のためのベレン・フレームワーク

ユネスコにおいては生涯学習，成人教育についての理念や政策が確立されているにもかかわらず，それらが充分に達成されていないということから，実施に向けての枠組みがユネスコ第6回国際成人教育会議で打ち出されることとなった。2009（平成21）年ブラジルのベレン（Belem）で開かれた会議においては，「行動のためのベレン・フレームワーク（Belem Framework for Action）」が採択された。

「成人教育は教育を受ける権利にとって不可欠な要素と認識されており，我々はすべての若者と成人がこの権利を行使できるよう新たな一連の緊急の措置を計画する必要がある」こと，「識字能力は，若者にとっても成人にとっても，総合的，包括的，統合的な生涯および生活全体にわたる学習を積み上げるための最も重要な基礎である。世界的な識字能力に関する課題の大きさを考慮し，我々は，万人のための教育（Education for All；EFA），国連識字の十年（United Nations Literacy Decade；UNLD）およびエンパワーメントのための識字事業（Literacy Initiative for Empowerment；LIFE）に正式に記されている現在の

成人における識字能力に関する目標と優先順位が，可能な限りの，あらゆる手段を用いて必ず達成されるよう，たゆまぬ努力を続けることが不可欠だとみなしている」ことが強調されている。さらに「若者と成人の教育は，個人，特に女性が複数の社会的，経済的，政治的危機および気候変動への対処を可能にする。したがって我々は，男女共同参画（gender equality），女性差別撤廃委員会（CEDAW）や北京行動綱領（the Beijing Platform for Action）等を含むミレニアム開発目標（Millennium Development Goals），万人のための教育（EFA）および持続可能な人的，社会的，経済的，文化的，環境的開発において国連が議題を達成するよう，成人教育が重要な役割を果たさなければならない」と述べられている。[8]

特に，成人の識字能力に関する勧告が全面に打ち出され，識字に関する国際社会からの長期的な支援の必要性が強調された。この会議では，ブラジル政府からパウロ・フレイレ（Paulo Freire）に関する正式な謝罪があった。識字教育において世界的な活動をしたパウロ・フレイレの識字方法は，機械的に生活と無関係に文字を覚えるのではなく，文字を学ぶ人々の政治化を企図する教育方法であると言われている。彼の『被抑圧者の教育学』[9]は教育制度における公平性と平等性を追求する新しい教育学を提唱した。フレイレは追放から帰国後，サンパウロ市の教育長として彼の教育学の実践を試み，識字教育を成功に導いている。[10]ユネスコでは，現在も識字教育が不充分であることを指摘し，識字に関する多様なアセスメントや継続学習制度の整備および国際社会からの長期的な支援の必要性を強く訴えている。

注
1) ユネスコ，天城勲監訳『学習：秘められた宝――ユネスコ「21世紀教育国際委員会」報告書』ぎょうせい，1997年，p. 7.
2) 同上書，p. 7.
3) 同上書，p. 13.
4) 同上書，p. 14.
5) 同上書，p. 14.
6) 全日本社会教育連合会『第5回国際成人教育会議報告書』全日本社会教育連合

会，1998年，pp. 52-53.
　7）　同上書，pp. 52-57.
　8）　文部科学省「第6回国際成人教育会議「行動のためのベレン・フレームワーク（仮訳）」（2009年12月4日）について」
　　　http://www.mext.go.jp/a_menu/shougai/koumin/1292447.htm（閲覧日：2013年12月29日）.
　9）　パウロ・フレイレ，小沢有作訳『被抑圧者の教育学』（A. A. LA 教育・文化叢書4）亜紀書房，1979年.
　10）　パウロ・フレイレ，里見実訳『希望の教育学』太郎次郎社，2001年，pp. 306-326.

II　学習社会の創造と生き方

第1章
新しい概念「学習社会」

1　学習社会という未来

　1972（昭和47）年に出されたフォール報告の第3篇は「学習社会を目指して」である。また，第2篇「未来」のエピローグⅡ「学習社会：現在と未来」にはロバート・ハッチンス（Robert Hutchins）を含む10人の著者の書物から未来の社会に関する記述が紹介されている。それらは以下の学習社会に関する記述に集約されているということができる。

　　われわれは，たとえいかに過激であっても，単なる制度上の変化をはるかに超えたものを目指さねばならないことになる。社会と学校との関係の本質そのものが変わりつつあるのである。教育に対してこのような位置を与え，地位を委ねた社会形態には，それ自体にふさわしい名称が与えられねばならない――その名は学習社会（the learning society）である。このような社会の到来は，教育と，社会的・政治的・経済的構造との間の緊密な相互交錯の過程としてのみ考えうるのである。そしてこの過程は，家庭の単位および公民生活を包括するものである。このことは，すべての市民が，学習と訓練と自己開発を自由に行なう手段を，どのような環境の下でも自ら入手できなければならないことを意味する。そのような結果として，市民のすべてが自分の教育に関して従来とは根本的に異なった位置に置かれることになるであろう。「責任」が「義務」にとって代わることになるであろう。[1]

　すなわち学習社会は新しい概念であり，我々が創り出す新しい未来社会なの

である。同報告書「学習社会を目指して」(第3篇)においては「教育戦略の役割と機能」として,「未来を予言することはできないが,未来を創り出すことはできるといわれてきた。多くの未来を予言することができるが,一つの未来を選択し欲求するべきなのである。……要するに実現させるためには,できるだけ明確な考えを持たなければならない」と学習社会実現に向けて世界が動き出すことを強く訴えている。

また,生涯教育と学習社会との関係に関しては,同じく「学習社会を目指して」(第3篇)の中で教育政策の指導原理として,「すべての人は生涯を通じて学習を続けることが可能でなければならない。生涯教育という考え方は,学習社会の中心的思想である」と述べている。

フォール報告の第2篇,第3篇には,生涯学習と学習社会への大きな期待および学習社会を創り上げねばならないという強い思いが込められている。

2 人間的成長を目指す学習社会

アメリカのカーネギー高等教育委員会(The Carnegie Commission on Higher Education)はフォール報告が出された翌年1973(昭和48)年に *Toward a Learning Society: Alternative Channels to life, Work and Service*(学習社会を目指して——生活と労働と奉仕に向かうさまざまな道)という報告書を出している。この報告書はハッチンスと同じような学習社会を目指してはいるが,同時に労働と奉仕に向かうというタイトルからもわかるように,労働にかかわる学習も含めている。職業にかかわる学習機会を国民に保障しようとするものである。職業に関する学習は今日の世界の生涯学習にしっかりと位置付けられている。

これに対して,ハッチンスの学習社会は人間的な成長に重点が置かれているのが特徴であるといえる。教育は今まで職業に結び付けて考えられてきたのだが,ハッチンスは学習をもっと大きな人間的な成長ととらえ,職業に関する教育はむしろ企業の中でするべきであると考えている。

学習社会のとらえ方は一つではなく,それぞれの特色があるが,共通項は個

Ⅱ　学習社会の創造と生き方

人の成長とより良い社会の構築を目指していることである。

　ハッチンスの学習社会論は余暇をもった社会における人間の成長を中心としたものである。ハッチンスはすでに1968（昭和43）年に，学習社会というタイトルである *The Learning Society*（ラーニング・ソサエティ）を著している。

　ハッチンスはまず，経済学者のジョン・メイナード・ケインズ（John M. Keynes）の以下の考えを取り上げている。すなわち人間は経済問題の解決のために勤しみ進化してきたために，働く必要が無く，労働から解放された社会に適応することは，非常に困難である。科学や生産手段の発達の恩恵によって待ち望んでいた余暇が実際に手に入ると，今度はその余暇の使い方という問題に直面する。したがって人類の永遠の問題である楽しくかつ善く生きる（to live wisely and agreeably and well）ために，余暇をいかに使うかという人生の永遠の問題に直面するであろうということである。さらにケインズは，富裕階級が余暇をうまく使っていない現状から，今後も余暇の使い方には全く期待できないであろうと述べているという。

　それに対してハッチンスは，仕事から解放された時間を，仕事以外の別の生き方に費すことはできないかと問うている。そして，教育・学習こそが，賢く，楽しくかつ善く生きる（to live wisely and agreeably and well）という人生の真の価値（the real values of life）にかかわるものであるというのがその答なのだ。[4]

　またハッチンスは，マーガレット・ミード（Margaret Mead）が，1960年代の社会の変化を次のように述べている点を挙げている。すなわち，社会は変化の時代を迎えており，大学教育においてもどのような科目であろうと新入生が学んだことは，同じ学生である彼らが4年生になった時には，もうすでに変化をしてしまっている。したがって大学が十分な教育を与えることは不可能になった。現代では，その人が生まれてきた世界とは別の世界で人生を送り，死ぬ時は自分が働いていた熟年期とは異なる世界になっているのである。社会は変化しているのである。したがって，子どもも，青年も，若者も，熟年者も，さらに高齢者も，それぞれに合ったペースで学習し続け，その年齢に見合った良きも悪しきも含めた経験を積んでいくことが求められているというのである。[5]

　これらのことからハッチンスは，二つの要因すなわち学習時間の増加と社会

第1章　新しい概念「学習社会」

の急激な変化から，ラーニング・ソサエティーすなわち学習社会が必要であると述べている。すなわち後者は継続的な教育を必要とし，前者がそれを可能にするのである。

　ハッチンスは歴史学者のアーノルド・トインビー（Arnold J. Toynbee）の歴史的な考察が楽観的であると同意を示し，以下のトインビーの言葉を取り上げている。すなわち，未だ経験したことのない余暇を手に入れた場合，人々は間違った使い方をするかもしれないが，早晩，正規の成人教育を行うことによって，それらは解決されるであろうということである。さらにトインビーがすでにデンマークで実施されてきた成人教育の例を用いて，将来の豊かな社会においては，あらゆる年代のすべての男性と女性が教育を受けることができるようになると述べていることを挙げている。デンマークの成人教育とは，19世紀からある宿泊型の成人教育機関フォルケホイスコーレ（国民高等学校）を指している。

　また，工業化された国々で，実際に成人教育が実施されている例を挙げるとともに，1965（昭和40）年にアメリカにおいて労働省長官が公式に出した教育休暇に関する提案を例に挙げ，トインビーの考察が正しいと述べている[6]。

　ハッチンスは学習社会を「人生のあらゆる段階ですべての男性と女性に教育の機会が提供されるだけでなく，学習，達成，人間的になること（learning, fulfillment, becoming human）を目的として，あらゆる制度がこの目的に向かって価値の転換に成功した社会である[7]」と述べている。

　ハッチンスはアテナイ人がこのような社会を実現したと述べている。すなわち「彼等は全成員が自己の能力を最高限度にまで発達させる社会を作り上げようとしたのである[8]」としている。アテナイの市民に，この自由時間をもたらしたのは奴隷であるが，今日では奴隷ではなく機械が自由時間をもたらすことができると述べている[9]。すなわち今日では学習社会を作るのが可能になったというのである。

　ハッチンスは「労働から解放された社会の目的」の節において，労働が目的である伝統的社会からの変化は「すべての人にはじめて人間的になる機会（the chance to be human）を提供することになる。それは社会が生存について心

39

配するかわりに，共通の善（the common good）を見つけ出し，実現するために貢献できることを意味する」と述べている。

さらに「人間というのは一生の間学習し続けることができるであろう。科学的にも人間はそのような能力をもっていることが証明されている。人生初期における精神発達を重視し過ぎると，成人期における発達の機会がもてないことになる。我々は，人生のあらゆる時に，人間が野蛮になり，また麻痺状態になることを知っている。人間的であり続ける方法は，学習をし続けることなのである」と学習を人間的であり続けるためのものととらえている。

様々な事柄，特に重要なことに関しては経験なしには学ぶことができない。すなわち，経験と理解は比例し，知恵は年齢にともなうとして「体系的な学習は賢明になることとみなされるべきである」と述べている。

また，ハッチンスは，仕事が人生の目的であったため，教育や学習は仕事をするための準備であるとみなされてきたが，教育は手段であってはならないとしている。「教育は一度受けたらもう受ける必要がないと思われている。こういう考えは段階的に組織された教育制度によって強められてきた。すなわち各段階に到達するとそれまでのものは終了したことになる。もし教育が仕事や結婚や学位を得るための手段とみなされるなら，それが得られた時点で教育や学習の目的も満たされたことになってしまう。もし，教育が何ものかを得る手段であるなら，それが得られた時点で，教育もかかわりのないものとなってしまう」と述べている。

このようにハッチンスは，人間が労働から解放されて得た自由な時間を人間的な成長に使い，自己の能力を最高限度まで伸ばすことのできる社会を考えたのである。また，その実現は可能であると考えたのである。

注
1) エドガー・フォールほか，フォール報告書検討委員会訳『未来の学習』第一法規，1975年，p. 193.
2) Faure, Edgar et al., *Learning to be : The world of education today and tomorrow*, Unesco, London : Harrap, 1972, p. 169.

第1章　新しい概念「学習社会」

3)　フォール，前掲書，p. 208.
4)　Hutchins, Robert M., *The Learning Society*, London : Pall Mall Press, 1968, pp. 123-125.
5)　*Ibid.*, p. 131.
6)　*Ibid.*, pp. 132-134.
7)　*Ibid.*, p. 134.
8)　*Ibid.*, p. 134.
9)　*Ibid.*, p. 135.
10)　*Ibid.*, p. 129.
11)　*Ibid.*, p. 130.
12)　*Ibid.*, p. 130.
13)　*Ibid.*, pp. 130-131.

Ⅱ 学習社会の創造と生き方

第2章
日本における学習社会論の展開

1 学歴社会の弊害の是正としての学習社会

　日本においては，ラーニング・ソサエティすなわち学習社会に関する書物として，1979（昭和54）年に新井邦男編著『ラーニング・ソサエティ——明日の学習をめざして』および市川昭午・潮木守一編著『学習社会への道』が出版された。同年，中央教育審議会の「生涯教育に関する小委員会報告」には，「社会における多様な教育・学習の機会を拡充することの必要性が高まっており，いわゆる学習社会の到来が期待されている」と述べられている。
　1981（昭和56）年の中央教育審議会答申『生涯教育について』においては，「我が国には個人が人生の比較的早い時期に得た学歴を社会がややもすれば過大に評価する，いわゆる学歴偏重の社会的風潮があり，そのため過度の受験競争をもたらすなど教育はもとより社会の諸分野に種々のひずみを生じている。今後，このような傾向を改め，広く社会全体が生涯教育の考え方に立って，人々の生涯を通ずる自己向上の努力を尊び，それを正当に評価する，いわゆる学習社会の方向をめざすことが望まれる」と学習社会の実現への期待が述べられている。
　1985（昭和60）年から1987（昭和62）年に四次にわたって出された臨時教育審議会答申においては，生涯学習社会という語が使われている。第一次答申においては生涯を通して学習の機会が用意されている「生涯学習社会」，個性的で多様な生き方が尊重される「生涯学習社会」，また学歴社会の弊害の是正の課題として「生涯学習社会」の建設というように用いられている。生涯学習社会は，学歴のみが偏重されることのない個性的で多様な生き方ができる社会なのである。「第一の方向は，21世紀へかけて長期的目標として生涯学習社会を建

設していくことである。すなわち，学歴偏重社会においては，「いつどこで学んだか」が個人に対する評価として重視されるのに対して，生涯学習社会は，「なにをどれだけ学んだか」を評価する社会である」としている。

　第二次答申においては，21世紀のための教育体系の再編成に関して，その必要性を述べている。すなわち「46年の中央教育審議会答申以降，各方面の答申や報告において，学校教育の意義と役割およびその限界を再確認し，家庭，社会，職場の果たす教育的役割を活性化するとともに，生涯学習を可能にし，促進し得るような社会の制度と慣行を生み出す学習社会の建設を目指す教育体系の再編成の必要性が指摘されている」とある。

　その必要性の一つに，「過度の受験競争などをもたらしている学歴偏重の社会的風潮を改め，教育は青年期だけの営みではないという考え方から，各人の生涯を通ずる自己向上の努力を尊び，それを正当に評価する学習社会を目指すことが望まれること」を挙げている。生涯学習体系への移行を主眼として，学校中心の考え方を脱却し，21世紀のための教育体系の総合的な再編成を提案しているのである。

　また第三次答申においては，この提案は，「今日肥大化した学校教育の役割を見直し，生涯学習の原点である家庭や地域社会の教育力の回復と活性化を図るとともに，生涯学習を可能にし，促進し得るような社会の制度と慣行を生み出す学習社会の建設を目指すものである」と学習社会について述べている。

　学びの機会を得ることができても，学歴偏重社会からの脱却には学習の評価が適切に行われなければならない。以後，評価についての答申が続き，1992（平成4）年に出された生涯学習審議会答申『今後の社会の動向に対応した生涯学習の振興方策について』においては，「今後，人々が生涯のいつでも，自由に学習機会を選択して学ぶことができ，その成果が社会において適切に評価されるような生涯学習社会を築いていくことを目指すべきである」と述べている。生涯学習社会を生涯にわたる主体的な学習とその適切な評価の行われる社会ととらえているのである。

　1999（平成11）年の『学習の成果を幅広く生かす——生涯学習の成果を生かすための方策について』（生涯学習審議会答申）では，学習成果が生かされるこ

とによって真の生涯学習社会が実現すると述べている。いつでも，どこでも，自分に適した方法で学べる生涯学習体系に移行し，学歴または学校歴だけが過度に評価される弊害が是正された社会を築くためには，評価の多面化，多元化が必要となる。学習成果が正しく評価され実力が認められて個人の能力が生かされる社会を創ろう，また創らなければならないというのである。

その後の生涯学習の答申においても，生涯学習社会の実現には学習活動の成果の適切な評価・活用が主要な課題となっている。

2 個人の要望と社会の要請が求める生涯学習社会

2003（平成15）年に出された中央教育審議会答申『新しい時代にふさわしい教育基本法と教育振興基本計画の在り方について』の「教育基本法改正の必要性と改正の視点として」においては，「生涯学習社会の実現」が取り上げられた。「今日，社会が複雑化し，また社会構造も大きく変化し続けている中で，年齢や性別を問わず，一人一人が社会の様々な分野で生き生きと活躍していくために，家庭教育，学校教育，社会教育を通じて職業生活に必要な新たな知識・技能を身に付けたり，あるいは社会参加に必要な学習を行うなど，生涯にわたって学習に取り組むことが不可欠となっている。教育制度や教育政策を検討する際には，これまで以上に学習する側に立った視点を重視することが必要であり，今後，誰もが生涯のいつでも，どこでも，自由に学習機会を選択して学ぶことができるような社会を実現するため，生涯学習の理念がますます重要となる」として，新たに規定する理念に「生涯学習の理念」が挙げられた。また，「生涯学習については，教育全体を貫く基本的な理念として位置付けることが適当と考える」という記述もある。

2006（平成18）年の教育基本法改正においては，新たに第1章第3条に「生涯学習の理念」が新設され，生涯学習社会が定義されることとなった。

2008（平成20）年に出された中央教育審議会答申『新しい時代を切り拓く生涯学習の振興方策について～知の循環型社会の構築を目指して～』では，第1部「今後の生涯学習の振興方策について」の「生涯学習の振興の要請——高ま

る必要性と重要性」の項において、「学習には各個人がその興味や関心に基づき、自らを深めるために行う個人的な活動としての側面があるが、このような国民の学習活動を促進することは、国民一人一人が、充実した心豊かな生活を送り、また、職業生活に必要な知識・情報・技術等を習得・更新することにより経済的にも豊かな生活を送ることを可能とするものである。また、同時に、このことは社会を支え発展させることができる国民一人一人の能力を向上させることにつながるものであり、これは、ひいては社会全体の活性化を図り、我が国の持続的発展に資するものである。我が国の現状及び将来を見据えると、生涯学習社会の実現の必要性・重要性がますます高まっているといえる」と述べられている。

また、「目指すべき施策の方向性」の項においては、国民一人一人の生涯を通じた学習の支援のために、「行政としては、国民の各々の学習ニーズ等の「個人の要望」を踏まえるとともに、「社会の要請」を重視して、国民の学習活動を支援する際に、各個人が、生涯を通じて働くことを可能とする能力やそれを支える意欲等、変化の激しい社会において自立した一人の人間として力強く生きていくための総合的な力を身に付けることを支援するという視点を持つことが重要である。その上で、行政が生涯学習を振興する目的や対象をより明確にし、そのための学習機会の充実を図り、さらには、それらの学習活動の成果が適切に評価・活用されることを可能とする等により、より一層国民の学習活動を促進し、その成果が社会で発揮される生涯学習社会を実現することが重要である」と、生涯学習社会の実現の必要性が強調されている。

2013（平成25）年に出された中央教育審議会答申『第2期教育振興基本計画について』においては、「「自立」「協働」「創造」の三つの方向性を実現するための生涯学習社会の構築を旗印とする」と述べられている。

日本において論じられている生涯学習社会における学習の中には、すべて職業に関する学習が含まれていることを確認しておく必要がある。

もはや生涯学習社会の構築は、国または社会全体の存亡と深くかかわることとなった。我が国において生涯学習社会の実現は、緊要な課題となっているのである。

Ⅱ　学習社会の創造と生き方

　注
　　1)　新井邦男編著「ラーニング・ソサエティー――明日の学習をめざして」『現代のエスプリ』第146号，至文堂，1979年．
　　2)　市川昭午・潮木守一編著『学習社会への道』教育学講座21，学習研究所，1979年．

第3章
TO BE の生き方と社会

1 to be の生き方

　第Ⅰ篇第2章1節で述べたように，フォール報告の四つの前提の中に，生涯学習のみが完全な人間（the complete man）となることを可能にするとして，learn to be という言葉が書かれている。learn to be は「生きることを学ぶ」と訳されている。learning to be は同じくユネスコの報告書，ドロール報告書においても「人間として生きることを学ぶ」と訳されている。また，フォール報告には完全な人間に向けての項において，エーリッヒ・フロム（Erich Fromm）の言葉を引用して完全な人間に向けて向上する人間の可能性が述べられている[1]。
　learn to be の to be とは何を意味するのだろうか。フロムの *To Have or to Be?*[2] を参考に to be について考えてみたい。
　フロムはその著書 *To Have or to Be?* の中で，人と社会の在り方に二つの基本的モデルである，持つこと（having）とあること（being または to be）が存在することについて述べている。日本語のタイトルは『生きるということ』である。訳者の佐野哲朗は，「本書の主題は，原題が示しているように，人間存在の二つの様式としての〈持つこと〉と〈あること〉の違いの分析であり，その認識の上に立っての新しい人間と新しい社会の可能性の追求である。〈持つ〉ということは，現代産業社会における基本的な存在様式であって，私たちは物を持つことを自己の価値，同一性，あるいは存在のあかしとすることに慣れてしまった。この関係は物ばかりでなく，人間，知識，観念，神，さらには健康や病気にまで及んでいるが，それは主体をも客体をも物に還元することであって，そこにあるのは生きた関係ではなく，死んだ関係である。そのうえ，それは限りなき生産と限りなき消費という悪循環を生み出し，私たちは慢性の飢餓

Ⅱ　学習社会の創造と生き方

状態に陥っている。これに対して，〈ある〉ということは，何ものにも執着せず，何ものにも束縛されず，変化を恐れず，たえず成長することである。それは一つの固定した型や態度ではなく，流動する過程なのであって，他者との関係においては，与え，分かち合い，関心をともにする生きた関係となる。それは生きることの肯定であり，フロムの好む比喩を用いるなら，ともに生の舞踏に加わることである[3]」と述べている。

　フロムは，持つ存在様式は「主体と客体との間の生きた，生産的な過程によって確立されるのではない。それは客体と主体の双方を物にする。その関係は死んだ関係であり，生きた関係ではない[4]」と述べている。

　それに対して，ある様式には「その前提条件として，独立，自由，批判的理性の存在がある。その基本的特徴は能動的であるということだが，それは忙しいという外面的能動性の意味ではなく，自分の人間的な力を生産的に使用するという，内面的能動性の意味である。能動的であるということは，自分の能力や才能を，そしてすべての人間に——程度はさまざまだが——与えられている豊富な人間的天賦を，表現することを意味する。それは自分を新たにすること，成長すること，あふれ出ること，愛すること，孤立した自我の牢獄を超越すること，関心を持つこと，"list"すること，与えること，を意味する。しかしこれらの経験のどれ一つとして，言葉で十全に表現することはできない[5]」と述べている。すなわち to be は人間としての生き方の一つであり，物に還元されるのではなく，人として能動的に生きるということであると考えられる。Learn to be と Learning to be は，その生き方の学びということができる。

　また，「私たちの大部分は，ある様式より持つ様式について多くを知っている。それは持つことの方が，私たちの文化においてはるかに頻繁に経験される様式であるからである。しかしそれよりもっと重要なことが，ある様式を定義することは持つ様式を定義することよりずっと困難にしている。すなわち，これら二つの存在様式の違いの本質そのものである。持つことが関係するのは物であり，物は固定していて記述することができる。あることが関係するのは経験であって人間経験は原則として記述できない[6]」とも述べている。

　フロムは持つ様式とある様式を対比させた例をいくつも挙げている。例えば

「学習すること」については，この二つの様式を次のように述べている。

　　持つ存在様式の学生は，講義に耳を傾け，講義の言葉を聞き，それらの言葉の理論構造と意味とを理解し，できるかぎり，すべての言葉を彼らのルーズリーフ式のノートに書き込む——のちになって，筆記したものを暗記して試験に合格できるように。しかしその内容が彼ら自身の個々の思想体系の一部となって，それを豊かにし，広げることにはならない。学生はその代わりに，彼らが聞く言葉を思想あるいは全体的な理論の固定したいくつかの集合に変貌させ，それをたくわえる。学生と講義の内容とは互いに無縁のままであって，ただそれぞれの学生が，だれかほかの人の所説（その人が自分で創造したか，あるいはほかの典拠から借用したかの）の集積の所有者となったというだけのことである。
　　持つ存在様式の学生はただ一つの目標しか持っていない。すなわち〈学んだ〉ことを固守することであって，そのために彼らはそれをしっかりと記憶にゆだねたり，筆記を大切に保存したりする。彼らは何か新しいものを生み出したり，創造したりする必要はない。……
　　学習の過程は，世界に対してある様式で結びついている学生にとっては，まったく異なった特質をもっている。……彼らはその講義が扱うはずの諸問題についてあらかじめ思いをめぐらしているので，彼らの頭には，彼らなりの或る種の疑問や問題がある。彼らはその題目について十分に考えたので，それに関心をいだいている。言葉や概念の受動的な入れものとなることはなく，彼らは耳を傾け，彼らは聞く。そしてこれが最も重要なことだが，能動的，生産的な方法で，彼らは受け入れ，彼らは反応する。彼らが耳を傾けるものは，彼ら自身の思考過程を刺激する。新しい疑問，新しい観念，新しい展望が彼らの頭の中に生まれる。彼らが耳を傾けるのは，一つの生きた過程である。彼らは関心をいだいていて耳を傾け，講師の言うことを聞き，聞くことに反応して自発的に生命を得る。彼らはただ家へ持ち帰って記憶することができる知識を獲得するのではない。それぞれの学生が動かされ，変化したのだ。講義を聞いたあとで，それぞれが聞く前

の彼もしくは彼女と異なった人間となったのだ。もちろん，この様式の学習が普及するのは，講義が刺激的な材料を提供した時に，初めて可能である。空虚なおしゃべりにはある様式で反応することはできないのであって，そのような場合には，ある様式の学生は，まったく耳を傾けずに自分自身の思考過程に集中する事を，最上と考えるのである。⁷⁾

また「会話すること」については，

　　持つ様式とある様式との違いは，二つの会話の例において容易に観察することができる。二人の男が会話の中で論争して，AがXの意見を持ち，BがYの意見を持つという典型的な場合を取り上げてみよう。それぞれが自分の意見と同一化する。それぞれにとって重要なことは，自分の意見を守るためのよりよい，すなわちより合理的な議論を見付けることである。どちらも自分の意見を変えること，あるいは相手の意見が変わることを予期してはいない。それぞれが自分の意見を変えることを恐れているのであって，そのわけはまさに，それが自分の所有物の一つであるので，それを失うことはそれだけ貧しくなったことを意味するからである。……
　　これと対照的なのが，あらかじめ何の準備もせず，どのようなささえもしないで事態に臨む人びとである。彼らはその代わりに，自発的，生産的に反応する。彼らは自分についても，自分の持つ知識や地位についても，忘れてしまう。彼らは自我に妨げられることはない。彼らが相手の人物とその人物の考えに対して十全に反応することができるのは，まさにこのためである。彼らは新しい観念を生み出すが，それは，何ものにも固執することがないので，生産し与えることができるからである。持つ人物が持っているものにたよるのに対して，ある人物はあるという事実，生きているという事実，そして抑制を捨てて反応する勇気がありさえすれば，何か新しいものが生まれるという事実にたよる。彼らは持っているものに対する不安な気がかりのために自分を押し殺すことがないので，会話の際は十全に活気づく。彼ら自身の活気は伝染しやすいので，しばしば相手が彼もし

くは彼女の自己中心性を超越するための助けとなる。かくして会話は商品（情報，知識，地位）の交換ではなくなり，もはや誰が正しいかは問題にならない対話となる。決闘者達は一緒に踊り始め，勝利あるいは悲しみ——これらはともに不毛である——をもってではなく，喜びをもって別れる。[8]

「知ること」については，

　知ることの領域における持つ様式とある様式との間の違いは，次の二つの定式で表現される。「私は知識を持っている」と，「私は知っている」と。知識を持つことは，利用出来る知識（情報）を手に入れ，保持することである。知ることは機能的であり，生産的な思考の過程における一つの方法としてのみ役立つ。[9]

これらのほか，フロムは，読書すること，信念，愛すること等具体的な例を挙げている。様々な事物をフロムのいう to have と to be の様式に分けることができる。フォール報告は未来の社会，学習社会において，人間の本来の生き方である to be の生き方を提案しているということができる。

2　to be の社会

フロムは新しい社会の機能は，新しい人間の出現を促進することであるとし，新しい人間とはある資質を示す性格構造をもった存在であるとしている。具体的には

　① 十全にあるために，あらゆる持つ形態を進んで放棄しようとする意志。
　② 安心感，同一性の感覚，自信。それらの基礎は自分のある姿であり，結びつき，関心，愛，回りの世界との連携への要求であって，世界を持ち，所有し，支配し，ひいては自分の所有物の奴隷になろうとする欲求ではない。

③ 自分の外のいかなる人間も物も，人生に意味を与えることはなく，このラディカルな独立と，物に執着しないことが，思いやりと分かち合いに専心する最も十全な能動性の条件になりうる，という事実の容認。
④ 自分が今ある所に十全に存在すること。
⑤ 蓄積し搾取することからでなく，与え分かち合うことから来る喜び。[10)]
　　……

以上のような21の資質を挙げている。
　社会については新しい社会の特色の章で，以下のように述べている。

　　社会の経済的，政治的分野を人間的発達に従属させるべきものとするならば，新しい社会のモデルは，疎外されていない，ある方向づけを持った個人の必要とするものによって決定されなければならない。このことが意味するのは，人間は非人間的貧困――今なお大多数の人びとのおもな問題である――の中に生きることもなく，また――産業化世界の裕福な人びとのように――生産のたえざる成長を要請し，ひいては消費の増大を強要する資本主義生産の内在的法則によって，消　費　人（ホモ・コンスーメンス）となることを強制されることもない，ということである。かりにも人間が自由となり病的な消費で産業を養うことをやめるべきものとするならば，経済体制におけるラディカルな変革が必要である。すなわち，人間を不健康にして初めて健康な経済が可能になるという，現在の事態に終止符を打たなければならない。なすべきことは，健康な人びとのための健康な経済を作り上げることである。[11)]

また，

　　あることに基づく社会を達成するためには，すべての人々が自分の経済的な機能において，また市民として，能動的に参加しなければならない。かくして，持つ存在様式からの解放は，産業的，政治的，参加民主主義の

十全な実現によって，初めて可能となる。……政治的民主主義の実現にも，同じ原理が当てはまる。民主主義が権威主義の脅威に抵抗するためには，受動的な〈観客民主主義〉から能動的な〈参加民主主義〉そこでは，共同体のことがらが市民個人にとって，私的なことがらと同じように身近で重要であり，さらに進んで，共同体の福利がそれぞれの市民の私的な関心事となる——へと，変貌しなければならない。共同体に参加することによって，人びとにとって生活はより興味深く刺激的になる。実際，真の政治的民主主義は生活がまさにそのように，すなわち興味深いものになる民主主義である，と定義することができる[12]。

以上のようにフロムは，産業的民主主義においても政治的民主主義においても，それぞれの構成員が，十分な情報を与えられ能動的役割を果たすことを強調している。今日では計画や企画の段階から参加することを意味する参画という言葉が参加に代わって使用されるようになった。学習社会の創造には主体性はもちろん，参画と能動性が求められるということができる。

注
1) エドガー・フォールほか，フォール報告書検討委員会訳『未来の学習』第一法規，1975年，p. 188.
2) Fromm, Erich, *To Have or to Be ?*, New York : Harper & Row publishers, 1976.
3) エーリッヒ・フロム，佐野哲朗訳『生きるということ』紀伊國屋書店，1977年，pp. 267-268.
4) 同上書，p. 113.
5) 同上書，pp. 126-127.
6) 同上書，p. 125.
7) 同上書，pp. 52-53.
8) 同上書，pp. 57-59.
9) 同上書，p. 65.
10) 同上書，pp. 228-230.
11) 同上書，pp. 234-235.
12) 同上書，pp. 240-241.

Ⅱ　学習社会の創造と生き方

第4章

ローマ・クラブとOECDの生涯学習

1　予見と参加が創る社会

　ローマ・クラブは，イタリアの著名な実業家であり，知識人であるアウレリオ・ペッチェイ（Aurelio Peccei）を中心に，世界各国の有識者からなる団体である。1968（昭和43）年にローマで初会合を開いたことから，ローマ・クラブという名称が付いた。ローマ・クラブは全世界的危機を克服する方策を探求するため，国際会議の開催，専門家グループへの研究委嘱，研究成果の普及啓発といった活動を行っている。1972（昭和47）年に発表された『成長の限界』は，地球の資源と環境の有限性に強い警告を発した。人口増加や環境悪化等の現在の傾向が続けば，そう遠くない時期に地球が限界に達するという。地球の破局を避けるために，成長から世界的な均衡へと移っていくことの必要性を訴えたのである。

　物的なハードの面についてその解決策を探索するにつれて，次第に人間の精神，政治的機構，社会的制度等，人的なソフトの面がより重要であると考えられるようになった。1976（昭和51）年に発表された『人類の目標』では，人間がもつ価値観，世界観，イデオロギー等に由来する「内的限界」をいかにして突破し，全人類が結束して地球共同体社会を実現するかが検討された。

　その後の議論から到達したのが1979（昭和54）年の『限界なき学習』である。科学技術の急速な進歩は物質的な豊かさを生み出したが，同時に人類は人口過剰のもとに環境問題，エネルギー問題，資源問題等，人類の生存危機をもたらした。人類をより望ましい未来に向かって進ませる道は，人間自身の学習にほかならないというのである。50近い国から2カ年にわたり数百人の人間が参加した共同研究の成果である[1]。

第4章　ローマ・クラブと OECD の生涯学習

　『限界なき学習』は「学習」をテーマとするプロジェクトであり，人類の生存と発展にとって不可欠な二つの相互に関連し合う問題を提起している。
　第一の問題は，現代の人間が，他の諸々の点では大変進歩しているものの，自分達がしていることの意味と結果をまだ十分に把握しきれないでいるということである。人間は，自然環境ならびに自分自身の生活環境に自らがもたらす変化を理解できないまま，しだいに現実の世界と反目するようになってきている。これはヒューマン・ギャップと名付けられ，すでに大きく危険な状態にあるこのギャップが，さらに拡大することはほとんど避けられないとしている。
　第二の問題は，人類が悲惨な状態に陥る前に現在の趨勢を抑制し，ギャップを埋めることができるかどうかということである。
　ヒューマン・ギャップについては，以下のように述べられている。

　　人類が歴史上知識や能力を最大に備えた時点で，同時にこれほど多くの問題に直面しているとは，全く皮肉な回り合わせとしかいいようがない。しかし，別の惑星に知的な生物が存在し，われわれを観察しているとしたら，滑稽に映るに違いない。石油の供給や天然ガス資源の世界的な先細りを無視し，また，原子力への全面依存に対する一般の人々や科学者たちの反対が昂じているにもかかわらず，高エネルギー技術の開発がなお進められている。一方，有害性のより低い潤沢な代替エネルギー源についての研究は，時期尚早であるかのようにみなされ，なおざりにされている。軍備制限国際交渉が行われている間にも，破壊兵器保有は巨大国では空前の過剰殺戮能力を備える規模に達し，第三世界へと広がっており，ある面では，その交渉が軍備増強に拍車をかける結果ともなっている。また人口過密な世界において昔ながらの差別や，支配や蔑視といった従来の危険なやり方が跡を断たず，公正な再分配計画や協力，道徳的連帯などの発展を阻んでいる。そして歴史上はじめて，人類という種の存続がそれらの発展に大きく左右されることになろうとしている。このようなばかげた，時には手に負えない，そしてしばしば時代遅れとも思える行動は，ヒューマン・ギャップを特徴づけ，しかもこれは，われわれに警告をする兆候のほんの

Ⅱ　学習社会の創造と生き方

一部にすぎない。今までになく深刻化した危険性と複雑性とにさらされているのに，人間の思慮，行動，決断，価値観は，もはや不適当となっている過去の世界的見解に基づいたままであることを，それらの兆候は示している²⁾。

　この拡大するヒューマン・ギャップを埋めるために，「この報告書は，学習(ラーニング)がいかにヒューマン・ギャップを埋めるのに役立つかを検討している。ここで用いようとしている学習という言葉は，教育(エジュケーション)や学校教育(スクーリング)というような在来の意味にとらわれず，広義に解釈してもらいたい³⁾」とある。
　すなわち，上記のヒューマン・ギャップを埋めるために必要なものは，学習なのである。「ヒューマン・ギャップに対する解決および人類の将来に対する保証は，ほかでもないわれわれ自身の中にこそ見いだされるということである，必要なのはわれわれすべてが自分達の眠っている潜在的な能力を呼び起こし，今後，それを目的に向けて賢明に使っていく方法を学習することである⁴⁾」と述べられている。すなわちその解決法は学習しかないのである。
　今日まで伝統的に，個人も社会も一貫して「現状維持型学習（Maintenance Learning）」という方式をとってきた。この現状維持型学習とは，「繰返し起こる周知の状況に対処するための確定した見解，方法，規則を修得することである。それは与えられた問題に対する問題解決能力を高める。それは現行の制度や確立された生活様式を維持する目的で考案された学習の型である。この維持型学習は，現在もそして引き続き将来も，すべての社会がその機能を果たすとともに，その安定性を保つためになくてはならないものである⁵⁾」のだ。
　しかし，長期にわたる生存のためには，新たにもう一つの学習法が必要とされる。変化，更新，再建，問題の再構成をもたらすことのできる学習の型である「革新型学習（Innovative Learning）」である。「革新型学習は個人および各国が協力して新しい事態に対して行動を起こすことができるような態勢を整える上で，欠くことのできない手段だということである。この革新型学習は，ことに人類が自ら招いた事態，そして将来にわたって招きつつある事態に対して入用である。世界的課題のいずれに取り組むにしても，革新型学習が不可欠の前

第4章　ローマ・クラブとOECDの生涯学習

提条件であることを力説したい[6]」と述べられている。

　革新型学習は，二つの特徴をもっている。先見（anticipation）と参加（participation）である。先見型学習とは時間的概念の推進である。先見性は時間に関係し，精神的活動である。それに対し，参加型学習とは，空間的統合の実現である。参加は地理的もしくは空間的であり，社会的活動である。

　先見型の学習については「予測，シミュレーション，シナリオ，モデルといった手法が使えるように人々を訓練する。それによって人々は積極的に，趨勢を検討したり，計画を立てたり，現時点での決断が将来引き起こす結果や起こりうる有害な副作用を事前に評価したり，ある地区や国あるいはより広い地域においてとられた行動が，全世界に対してもつ意義を認識したり，するようになる[7]」と述べられている。

　もう一つの特徴である参加（participation）は，国，地域，地区のレベルだけでなく，国際的なレベルにおいても必要とされている。本来，権利の要求と義務遂行の申し出とは組み合わされたものでなければならない。すなわち「参加は，意思決定に形式的に加わることだけでは達成されない。それは，協力，対話，共感等によって特徴づけられる態度である[8]」と述べられている。

　「先見」も「参加」も，それ自体は新しい概念ではない。革新型学習にとって重要なことは，あくまで先見と参加とが結合していなければならないということである。いずれか一方が欠けると，革新型学習は成立しないことが強調されている[9]。

　この報告書では，革新型学習の目的と価値観として次の二つが挙げられている。第一の基本的な目的は人類の生存にある。生存の維持は，適切な食糧，住居，健康を保証することから始まるとしている。「物質的により恵まれた国々をも含めて貧富に関係なく，すべての社会が今や「学習か死滅か」という問題に直面している[10]」のである。第二は「生存を超えた目標」が挙げられている。「人間の尊厳というものは人によってその意味を異にするだろうが，人類全体に対する尊重，文化の異なる社会の人々相互の尊重，そして個人の自尊心を指すとわれわれは解釈している[11]」と述べられている。

　報告書全体としての目的は，人類の生存と人間の尊厳性の確保であるとして

いるが，これらの究極目標の達成には，自律性（autonomy）と統合性（integration）という二つの中間目的の実現が求められている。自律性に関しては，「自律性とは社会にとって文化的独自性を意味し，各個人にとっては自己実現の鍵である[12]」と述べられている。「自律性という概念は，ほとんどの場合個人に関連して用いられるが，社会に対しても適用される。自律性とは，個人および社会の双方にとって，独り立ちし可能な限り依存せずに独立独歩できる能力を意味する……個人の学習目標としての自律性は，人格的に独立し，自由に行動するのに必要な判断と意思決定の能力を達成することにある[13]」としている。

　また，学校教育に関しても，「批判的判断力が発達しないと，自律性も養われないことである。日々増大する複雑性と不確実性に対処する能力を育成するためにも，よく発達した批判的判断力が基本的条件となる。たいていの学校教育の特色となっている入手しやすい既成知識を伝達するような方法では批判的判断力は養われない。学校で用いられている教科書は，その大部分が無批判的姿勢を示す典型である。……教科書はもっぱらわれわれが知っていると思っていることを伝えようとしているだけで，われわれが知らなければならないことは全く無視している。したがってこのような状況から脱却するためには，各人が自律性を発揮しなければならない。すなわち，既存の知識に対して批判の目を向け，その根拠，意味，長期的帰結，および限界を改めて問うことが必要である[14]」と述べられている。また，「このように自律性の達成は当然のこととして学習の一つの目標であるが，学習それ自体が自律的に行われるようになってはじめて，自律性も実現される。「自律的教育への転換点」には外からの助けがなくても人々が自らの意思により学習を継続できるようになったとき到達するのである[15]」と述べられている。

　統合性に関しては「自律性によって広い人間関係に加わる能力，共通目的のために協力する能力，他の人々ときずなを結ぶ能力，大きなシステムを理解する能力，そして個がその一部である全体を見る能力を高めることが可能となる。これがすなわち統合性という言葉の意味することなのである。統合性は社会にとって相互依存を意味し，個人にとっては人間関係の鍵である[16]」と述べられている。

第4章 ローマ・クラブとOECDの生涯学習

成長の限界に直面した人類に残された道は，限界なき学習である。それも現状維持型学習ではなく，予見と参加による革新型学習なのである。生涯学習は人類の存亡と深いかかわりがあるのである。

2 リカレント教育による継続的な発展

OECD（Organisation for Economic Co-operation and Development，経済協力開発機構）は，OEEC（欧州経済協力機構）にアメリカとカナダが加わり，1961（昭和36）年に発足した。日本は1964（昭和39）年に加盟した。当初は先進国が経済社会問題を話し合う国際機関であったが現在は，34カ国が加盟し，さらにブラジル，中国，インド，インドネシア，南アフリカの5カ国を基幹パートナーとして新興国との協力強化にも取り組んでいる。

OECDには，経済政策，貿易，雇用問題・社会政策，科学・技術，産業，環境，農業・水産，開発援助，原子力，エネルギー別に様々な機関（委員会やセンター等）がある。その中のCERI（Center for Educational Research and Innovation，教育研究革新センター）は，教育分野の研究機関の一つであり，1968（昭和43）年に開設された。主要な任務は「OECD（経済協力開発機構）加盟国の高度工業化・技術化に伴う教育の発達過程の一部分として，教育機会均等化のための新しい戦略を検討することであり，具体的には，それは分析研究と実験研究の二つである」[17]と述べられている。主な任務が，教育の機会均等化であることに注視したい。

CERIすなわちOECDは1970（昭和45）年にリカレント教育を含めた教育の機会均等化に関する *Equal Educational Opportunity—a statement of the problem with special reference to recurrent education*—（教育の機会均等）を刊行した。副題にはリカレント教育という言葉が含まれている。

第1篇第1章では様々な研究をもとに現状分析をしている。現状としては，教育の規模に劇的な変化が絶えず起こってきたが，教育の拡大は，絶対量としては，人々が長期間の教育を受けることになったとしても，社会的不均衡にはほとんど影響を与えていないことが明らかになったとしている。すなわち「教

II 学習社会の創造と生き方

育人口の社会階級による差はあらゆる国で広がり，社会構造の一つの定まった性格のようになっている[18]」というのである。

また，その原因の一つである「学業成績の社会階級的不均衡の是正は，教育の機会の不平等をなくするための重要な要素であるが，さらに他の要素の中で，教育に対するモティベーションと親の態度とに言及しておく必要がある。……家庭や環境の影響は，教育に対する個人の潜在的な願望よりも強いものと思われる。しかし，もしこの結果が，初期の段階での組織的教育からの回避ということであれば，個人の側における態度の変容は，後に彼のパーソナリティが成熟し，モティベーションを持つようになるころ起こるであろう。第2篇で詳しく述べる「リカレント教育」の構想は，このような考えに基づくものなのである[19]」とある。すなわちリカレント教育は教育の機会均等政策の一つとして述べられているのである。

この篇の第2章では，社会的不平等を是正するための四つの教育政策について論じられている。その一つめは就学前教育であり，二つめは初等教育レベルにおける代償教育，三つめは中等教育レベルにおける総合制教育，四つめにリカレント教育が取り上げられている。「多くの能力ある人々が，彼らの家庭や環境における動機の欠如，あまつさえ偏見によって，若い時期に教育からそらされているけれども，働く環境の中で自分と他人を比較する機会を持ったあと，人生の後期において動機づけがなされる場合だってあるのである。……教育を受ける期間の拡散は，教育システムを今よりはるかに労働市場の変化についていけるものにするだろうし，同時に，個々人に彼の発達のためのもっと柔軟な機会を提供するだろう[20]」とリカレント教育による教育の機会均等が述べられている。

また，1969（昭和44）年5月に開かれたヨーロッパ文相第6回会議におけるオロフ・パルメ（Olof Palme）スウェーデン文相の発言が取り上げられている。「たった一つの残された可能性は，成人教育の拡大を可能にするために，中等教育後の教育の増大を減らすことである。……学校教育後の全教育を一つの単位として，組織的に，かつ財源の立場から見ていただきたい。……私は，あらゆる中等教育後の教育はリカレント教育の中に組み込んでしまい，人々はすべ

第4章　ローマ・クラブと OECD の生涯学習

て後期中等教育を完了後仕事につき，一定期間の労働を終えると次の教育期を持ち，そして再び仕事に戻り，そしてまた教育を受ける時期に入る，という繰り返しを考えているのである[21]」という提案である。この章は，リカレント教育は，教育システムの全体的改革に最も近づく政策であるという言葉で結ばれている。[22]

第2篇は，「リカレント教育」というタイトルで，その概念と目的や問題点が論じられている。

リカレント教育はフォーマルでフルタイムであることから，他のインフォーマルまたはパートタイムの成人教育を否定するものであるととらえられがちである。しかし，報告書には，「この二つの教育のタイプがたとえ大きく違っていても，それは決して相互に排他的なものではない。リカレント教育の紹介は，いかなる意味合いにおいても成人教育の価値を落とすものではなく，事実，この二つは結びつけられるべきであるし，またそうすることができるはずである[23]」と明確に述べられている。

リカレント教育の三つの主要な社会的目的が挙げられている。第一は，平等という目的である。過去の教育の不足を補足することであり，教育機会の利用により，個人がより多くの可能性を得ることである。「教育の機会を長期間にわたり拡散することは，教育の機会を減少させることなく，伝統的な学校制度，特に高等教育に集中している圧力を減少させることになる[24]」とも述べられている。

第二は，職業的柔軟性という目的である。すなわち，教育と社会・経済との間の効果的な関係を保障することである。柔軟性のある教育制度は，技術的変化に直ちに対応でき，時間と人に応じた適切な訓練を与えることができるのである。

第三は，統合という目的である。「義務教育人口の増加と義務教育後の教育人口の増加につれて，教育と人間の他の活動分野との間，および個人の教育年限と積極的な労働生活との間の分化が重大な社会的問題を生じるほどに著しくなってきている[25]」ことを指摘している。したがって「『積極的生活』に入ってゆくとき彼らが見いだす価値は，彼等が教育期間中に形づくったものとは非常

に違っている。……二つの見方——活動的な労働生活と教育の統合と，より多くの人々により多くの教育を与えるという問題を処理すること——に対して，リカレント教育はかなりの可能性を与えるものである。リカレント教育の潜在的な社会政治的効果は大きく，現代社会の最も大きなディレンマの幾つかを解決するのに貢献することは間違いない[26]」というのである。

上記のように教育と人間と社会の間に生じてできた問題を解決するにはリカレント教育が必要とされることになるが，そのためには「中等以上の教育は，高等教育と同様，融通性のある単位という形式で編成されなければならい[27]」ことと，「累積的に加算できる融通性のある単位[28]」の必要性が強調されている。「実際に累積的に加算できる融通性のある単位の概念は，しだいに，リカレント教育と成人教育の結合システムにおいてだけでなく，教育制度全体に有効に適用されるであろう[29]」と述べられている。

また，「リカレント教育の理念は成人教育の理念と相反するものではない[30]」ことが強調されている。この二つは関連すべきであり，互いに補完し合って同様な役割を果たすものであるとしている。「二つの制度——一つはフルタイム・コース，もう一つは昼間・夜間・週末・休日等のパートタイム・コース——は教育を与える方法が異なっているだけで，両者を一つの制度と考えることができる[31]」と述べられている。

さらに，「成人教育計画とリカレント教育とのこのような統合は，明らかに，学校あるいは教育年限の概念と矛盾するものではない[32]」と断言している。

つづいて OECD は *Recurrent Education 1973*（リカレント教育1973）を刊行した。以下は森隆夫の解説を含む要約の内容である。リカレント教育の特徴と視点については以下のように述べられている。

> リカレント教育というのは，義務教育あるいは基礎教育以後のあらゆる教育にかかわるもので，その主要な特徴は，血液が人体を循環するように，教育を個人の全生涯にわたって循環させようとするものである。
> そのためには，次の二つの点がリカレント教育に欠かせない視点となる。
> 1) 人生初期に集中している伝統的な義務教育に対して，義務教育以後

にも個人の全生活にわたって多様な教育（義務教育以後の教育）を提供すること。
2) 生涯学習が組織化されるようなわく組（それは，既に出来上がっている学習環境として「教育」と，そうではなくて偶然に行われているような「学習」との交流，効果的な相互作用，再編成が可能なもの）を提供すること[33]。

また，リカレント教育の基本原理を以下のように八つ挙げている。

リカレント教育の基本原理は，次のようなものである。
1) 義務教育の最終学年で一人ひとりの生徒が進学か就職か決める場合に，真の選択が行えるようなカリキュラムを提供すること。
2) 義務教育修了後も全生涯を通じて，適当な時期に義務教育以後の教育が与えられることを，すべての人に保障すること。
3) 教育施設は，すべての人が，可能な限り，いつでも，どこでも利用できるように配置されること。
4) 労働経験，社会的諸経験が，入学資格やカリキュラム考案の際に主要な要素として考慮されること。
5) 学習と労働を断続的に繰り返すことによってもキャリアの向上が可能であり，またそれを重視すること。
6) カリキュラム編成，教授方法は，学習者，教師，行政官など利害関係の異なる集団の協力によってなされ，異なった年齢集団，社会集団の関心や動機に応じて適用されること。
7) 単位や卒業証書は，教育の最終評価としてでなく，人間の成長過程の一つの段階，指針とみなすこと。
8) 義務教育を修了したとき，各個人に仕事と社会的保障の準備の必要性に伴う休暇期間を取る権利が与えられること[34]。

さらに，このようなリカレント教育の原則を現実の政策として展開するため

の重要な基本目標（key goal）として，「個人の発達」，「機会の均等」，「教育と社会（特に労働）との相互作用」の三つを挙げている[35]。

リカレント教育においては，年齢別や学年別ではなく単位が生涯にわたり加算されていく制度が求められる。また，入学に関しては学科試験のみを重視するのではなく，労働経験を尊重する方向に変わらなくてはならない。「リカレント教育は常に「断続性」を持つという点に特質があるからである。それゆえ入学に当たっては，先行する教育機関の評価だけでなく，労働期間中の経験，知識，素質の評価も考慮されることになる[36]」というのである。また，方法として，「リカレント教育システムの大半は，パートタイム学習（part time study）の形式をとることになると思われるが，その際，学習者が教育施設へ通学する「集める教育」に加え，放送大学，通信教育，壁のない大学（university without walls）（自宅学習方式）等の「届ける教育」方式も考えられるべきである[37]」と述べられている。他にもアメリカにおける実践例が取り上げられている。ただ，リカレント教育に携わる教師の教育が最も困難な問題であるとして，教師のリカレント教育がOECDにおいて議論されていると述べられている[38]。

人生の前半を教育・学習期間として高等教育まで修了し，その後は労働期間とみなす伝統的な方法ではなく，義務教育修了後に労働期間と教育・学習期間を入れるという新しい制度ではあるが，現在のパートタイム就学の形態も取り入れようとする柔軟な制度でもある。教育の機会平等を目指して取り組みを進めるべき制度として提案されたのである。

3　日本におけるリカレント教育

日本においては雇用慣行の違いから欧米のように労働期からフルタイムの教育期に移り，次にまた労働期に移るというのは非常に困難である。しかしながら，社会・経済構造の変化，技術革新に対応して，就業後も学習が必要になってきた。終身雇用，年功序列，新卒一括採用にも変化がみられ，職業能力の開発が注視されている。

1986（昭和61）年の臨時教育審議会第二次答申においては，生涯学習社会を

建設するため，職業能力開発を総合的に推進するとして「有給教育訓練休暇制度の普及」を謳っている。1987（昭和62）年の第三次答申では，生涯学習体系への移行において評価の多元化が必要であるとし，「社会における評価」の項で「中途採用の円滑化」，「職業能力評価システムの導入」，「在職者が一時的に職場を離れて行う教育訓練の成果の適切な評価」を扱い，「在職者が一定期間職場を離れて大学，大学院や職業訓練施設において学習し，再び職場に戻る場合には，職業復帰以降の評価の在り方についての工夫が望まれる」としている。

しかしながら，再雇用の保障がなく，学習がキャリアに有利に働かないおそれのある場合，労働を中断することは困難である。日本においては，フルタイムの労働とパートタイムの就学の両立ができるシステム作りの方がより進められているということができる。すなわち，大学・大学院においての受け入れを拡大するための社会人大学の昼夜開講制，科目等履修生制度，社会人入学枠の設定，夜間大学・通信制大学院等の創設と拡充である。

日本においては教育期と労働期が繰り返されるリカレント（繰り返し）ではなく，労働期に教育期が組み込まれているといえる。1992（平成4）年の生涯学習審議会答申『今後の社会の動向に対応した生涯学習の振興方策について』では，当面重点を置いて取り組むべき課題の一つとして「社会人を対象としたリカレント教育の推進について」が挙げられ，リカレント教育は「職業人を中心とした社会人に対して学校教育の修了後，いったん社会に出た後に行われる教育であり，職業から離れて行われるフルタイムの再教育のみならず，職業に就きながら行われるパートタイムの教育も含む」とされている。

また，リカレント教育の機能を以下の三つに分類している。その一つは，社会の変化に対応する専門的で高度な知識・技術のキャッチアップやリフレッシュのための教育機能である。二つめに，すでに一度学校や社会で学んだ専門分野以外の幅広い知識・技術や，新たに必用となった知識・技術を身に付けるための教育機能である。三つめが，現在の職業や過去の学習歴・学習分野に直接関わりのない分野の教養を身に付け，人間性を豊かにするための教育機能である。

課題として，大学等での社会人受け入れに関する制度は拡充されてきたが，

さらなる充実が望まれることや，放送大学の充実が挙げられている。また，地域においては関係機関相互の幅広い連携と協力，企業の教育訓練においてはさらなる条件整備が指摘されている。

このように日本において，リカレント教育という言葉は職業に就いている人に対しての教育または職業にかかわる教育として用いられている。また，1990年代に入ってから，リフレッシュ教育という言葉も使用されている。これは，著しい技術革新や産業構造等の変化に対応して，特に大学等高等教育機関において職業人が新たな知識や技術を学ぶ再教育を意味する。

2008（平成20）年の中央教育審議会答申『新しい時代を切り拓く生涯学習の振興方策について～知の循環型社会の構築を目指して～』においては，「生涯学習の振興の要請―高まる必要性と重要性―」の項に，「学習には各個人がその興味や関心に基づき，自らを深めるために行う個人的な活動としての側面があるが，このような国民の学習活動を促進することは，国民一人一人が，充実した心豊かな生活を送り，また，職業生活に必要な知識・情報・技術等を習得・更新することにより経済的にも豊かな生活を送ることを可能とするものである。また，同時に，このことは社会を支え発展させることができる国民一人一人の能力を向上させることにつながるものであり，これは，ひいては社会全体の活性化を図り，我が国の持続的発展に資するものである。我が国の現状及び将来を見据えると，生涯学習社会の実現の必要性・重要性がますます高まっているといえる」と職業に関する学習機会の必要性が述べられている。

また，「学習成果の評価の社会的通用性の向上」として，「このような検定試験に関する質の保証や評価の仕組みを構築することは，生涯学習という広い分野において学習成果の社会的通用性を向上させるための一つの方策であるが，このような生涯学習における多様な学習成果の通用性の向上を図ることは，地方公共団体等においてすでに行われている生涯学習パスポート等の取り組みに資するものであると考えられる。例えば，欧州においても各国における多様な学習の成果を共通の仕組みで評価する「生涯学習の評価のためのフレームワーク」の構築が始まったところであり，その評価フレームワークが定着した際には，生涯学習パスポートにおいて反映・活用することが予定されており，我が

国においても，まずは生涯学習の成果の評価のための仕組みが根付くことが期待される」と述べられている。

しかしながら日本における生涯学習パスポートとEU（欧州連合）における資格枠組みとは，そのイメージおよび実態において大きな開きがある。EUの生涯学習の評価のためのフレームワーク（EQF: European Qualification Framework）は，各国の各資格がどのレベルにあり，当該資格保有者がどのような知識，技能，職業能力，個人としての能力をもつかの比較を可能とするものである。EUは2007（平成19）年にその創設について合意し，手続きを始めた。

また，OECDは2010（平成22）年に *Learning for Jobs—Synthesis Report of the OECD Review of Vocational Education Training—*（仕事のための学習）という報告書を出している。その中で「様々なレベルの資格を異なるレベルに位置づけ，互いの関係を明確化することで，教育制度内での発展経路づくりを促進する。透明な発展経路は職業資格の位置付けを明確にし，生涯学習の促進に役立たせる」[39]と述べられている。

学習成果の活用には，信頼性の高い評価基準が用いられる必要がある。今後，日本においても信頼できる評価基準が求められる。

日本の生涯学習は，教養，生きがいづくりが中心となり，職能教育が置き去りにされているのが実態である。筆者の2013（平成25）年4月時点での全国政令指定都市の生涯学習計画調査においては，職能教育への言及があるのは20都市中9都市，すなわち全体の45％であり，その中で具体策が提案されているのは20％に過ぎなかった。

生涯学習社会創造のためには，人の生涯における職能教育の重要性を認識し，その成果の評価基準を明らかにし，生涯学習の中に，職能教育を正しく位置づけることが求められる。

注
1) J. W. ボトキンほか，大来佐武郎監訳『限界なき学習——ローマ・クラブ第6レポート』ダイヤモンド社，1980年，pp. 199-204.
2) 同上書，p. 12.

Ⅱ　学習社会の創造と生き方

- 3）　同上書，p. 13.
- 4）　同上書，p. 6.
- 5）　同上書，p. 16.
- 6）　同上書，p. 19.
- 7）　同上書，p. 20.
- 8）　同上書，p. 21.
- 9）　同上書，pp. 20-21.
- 10）　同上書，pp. 22-23.
- 11）　同上書，p. 23.
- 12）　同上書，p. 50.
- 13）　同上書，p. 51.
- 14）　同上書，p. 52.
- 15）　同上書，pp. 52-53.
- 16）　同上書，p. 53.
- 17）　OECD編，森隆夫訳『生涯教育政策――リカレント教育・代償教育政策』ぎょうせい，1974年，p. 3.
- 18）　同上書，p. 8.
- 19）　同上書，pp. 8-9.
- 20）　同上書，p. 18.
- 21）　同上書，pp. 18-19.
- 22）　同上書，p. 120.
- 23）　同上書，pp. 25-26.
- 24）　同上書，p. 28.
- 25）　同上書，p. 29.
- 26）　同上書，pp. 29-31.
- 27）　同上書，p. 36.
- 28）　同上書，p. 37.
- 29）　同上書，p. 37.
- 30）　同上書，p. 37.
- 31）　同上書，p. 37.
- 32）　同上書，p. 37.
- 33）　同上書，p. 44.
- 34）　同上書，p. 45.
- 35）　同上書，p. 45.
- 36）　同上書，p. 48.

37) 同上書, p. 48.
38) 同上書, p. 48.
39) 岩田克彦「EU——資格枠組み（QF）及び欧州資格枠組み（EQF）」『資料シリーズ No. 102 諸外国における能力評価制度——英・仏・独・中・韓・EU に関する調査』独立行政法人労働政策研究・研修機構, 2012年, pp. 163-164.

Ⅲ　成長と変容の生涯学習

第1章
成長し続ける成人とアンドラゴジー

1 アンドラゴジーの出現

　乳幼児期から高齢期に至る人生において，高齢期を含む成人期の教育である成人教育は，生涯教育の重要な一部であり，生涯教育の中心概念であるということができる。

　成人教育学の歴史は1833年，アンドラゴーギク（Andragogik）を用いたドイツのアレクサンダー・カップ（A. Kapp）に始まるといわれている。しかし，ヘルバルト（J. F. Herbart）等の教育学者や思想家が，教育の対象となるのは青年期であって，教育は成人期に関与しないという考えのもとに，その後1世紀もの間，研究は進められなかった。1920年代の後半になってはじめて多くの承認を得て普及されてきたのである。

　アンドラゴジーの概念は，ヨーロッパとアメリカでは異なり，ヨーロッパにおける概念は，アメリカで使われているものより，広義であるということができる。1924年にアンドラゴーギクという語を再び使ったのは，ドイツのローゼンストック（E. Rosenstock）とされている。この時，リンデマン（E. C. Lindeman）によってアンドラゴーギクがアメリカに紹介された。1951年には，スイスにおいて，ハンゼルマン（H. Hanselmann）が *Andragogik: Wesen, Moglichkeiten, Grenzen der Erwachsenenbildung*（アンドラゴーギク——成人教育の本質，可能性，限界）を公刊した。またドイツではペゲラー（F. Pöggeler）が *Einführung in die Andragogik: Grundfragen der Erwachsenenbildung*（アンドラゴーギク序説——成人教育の根本問題）を1957年に，*Erwachsenenbildung: Einführung in die Andragogik*（成人教育——アンドラゴーギク序説）を1974年に刊行している。ペゲラーの *Einführung in die Andragogik:*

第 1 章　成長し続ける成人とアンドラゴジー

Grundfragen der Erwachsenenbildung は成人教育学の体系化を意図した最初の書物である。

この時期のドイツにおいて実施されていた成人教育とその理論の構築を表すものとして，成人教育大会でのウェルナー（C. A. Werner）の発表がある。ベルリンの教育大学で成人教育学を講じていたウェルナーは，成人教育の原則として「国民大学講師12則」を挙げている。国民大学は，当時のドイツにおける成人教育の中心主体であるので，この12則は広く成人教育全般にかかわるものと解することができる。成人教育学の基本にかかわる原則として，今日的にも意義深い指導者論といえる。

彼は，生まれながらの先天的成人教育者でない限り，多くの一般の教育者は自分で努力して以下のような教育者たるよう努めねばならないとしている。

① 教育的態度を一切放棄せよ。未熟な，若い教育者ほど教育的態度をとりたがるものであるが，之は良くない。殊に成人は自己教育の域にあるものであるから，教育的態度をもって臨む者には，却て反感を抱く。此の教育的態度を脱却し放棄することは成人教育者の守るべき最も重要な法則である。之を破る者は成功しない。勿論之は深く教育学の無意図性の心理に通ずるものである。

② 参加者を中心とせよ。成人教育の中心は参加者自身である。此の相手の参加者自身の希望を中心として出発せねばならない。相手の要求に応じねばならない。相手の信仰世界観を無視せず，相手の生活環境から例をとり，決して講師自身の例を引いてはならない。此の事も広く教育学一般の生徒本位の原則に通ずる事である。

③ 事実を伝えよ。事実あることを教授伝達して，問題や課題を出してはならない。問題は，成人自身が事実経験の中から見出し，自ら解決すべきものである。

④ 共通の雰囲気を作れ。ただし意見の相違に応じて分化する必要がある。成人教育は広く各年齢層の者を対象とするのであるから，共通の雰囲気を作ることは，困難だが，重要である。対立緊張の中にも意見を交換し

て談笑することが必要である。
⑤ 相手に質問させよ。成人教育では，成人自身の問題を提出させ，それを展開して参加者自身で思考判断させねばならない。受動的でなく積極的に活動すべきであり，講師は決して質問してはならない。
⑥ 講師も共に学べ。相手の反対意見を歓迎して，共々に学習する必要がある。殊に成人教育では，各領域の者が集まるのであるから，場合によっては講師以上の人も居る。講師自身絶えず学ぶことだ。
⑦ 弁証して，論争するな。はなし合い，談話，討論は，成人教育の最良の方法に違いないが，それは問題事実を明瞭にする為のものであるから，講師自身その解答を知らなくてもよい。但し事実資料を出来るだけ十分に提供する必要がある。
⑧ 事実を簡単明瞭に語れ。もったいぶった美辞麗句でなく，又通俗化するのでなく，事実を認識させねばならない。科学的知識真実が，学者と素人に別々にあるわけではない。
⑨ 疑問を啓発せよ。先ず，問題疑問を出させることだ。真と真らしさとを区別し，明瞭な知識に進むこと，之が成人教育の目標である。
⑩ 学ぶことを教えよ。学習することは，子どもの時からやっているが，学び方は教科教材によって異なる。然し学習すること，知識を習得すること，それを身につけている成人が少ないのである。
⑪ 生活を援助せよ。成人教育は生活援助（Lebonshilfe）だと云われる。成人教育者は生活の教師でなければならぬ。講習や会合以外に，凡る機会を通じて成人に接し，その要求希望を聴け。
⑫ 最良の時間を選べ。働く人々の会合に良い時間は十七時以降，精々二二時までである。然し一時間以内であるべく，その二倍は実は，二時間以上であることに注意せよ。[1)]

これらは本章第4節で述べるアンドラゴジー（andragogy）の中にもみることができ，今日においても生かされるべき成人教育の原則ということができる。
　成人教育が盛んになるにつれて，成人に対する教育の研究も進められていっ

た。ヨーロッパでは，アンドラゴギーという名のもとに成人教育学の理論化が進められ，アメリカにおいては，マルカム・ノールズ（Malcolm S. Knowles）によって成人教育の実践の中でペダゴジーモデル以外の理論が展開された。1967年にユーゴスラビアの成人教育者であるサヴィチェヴィチ（D. M. Savicevic）からアンドラゴジーという語を聞いたノールズは，アンドラゴジーという語を成人教育の体系化に使用することとした。

その後，ノールズは，1971年の成人教育の年次学会において，アンドラゴンジーの内容とその哲学を発表している。ノールズのアンドラゴンジー理論は，オットー・ランク（Otto Rank），カール・ロジャーズ（Carl Rogers）やアーサー・セドリン（Arthur Sedlin）らが貢献したサイコセラピーを基に，アブラハム・マズロー（Abraham H. Maslow）やエリック・エリクソン（Erick Erikson），エデュアード・リンデマン（Eduard C. Lindeman），その他の研究者の業績を参考にして形成された。

ノールズのアンドラゴジーは成人の学習を助けるものであるという考えに基づいている。したがって，ヨーロッパで展開されてきたものとは異なり，成人および成人の教育そのものに焦点が当てられ，指導者と学習者の関係を究明している。[2]

2 成人のための教育理論の変遷

リベラル成人教育（Liberal Adult Education）は教養主義的な成人教育であり，伝統的学校教育におけると同様に今世紀初頭まで世界の成人教育をリードし，今なおその影響力をもっている。教養主義の理念はギリシャ，ローマ時代のプラトン，アリストテレス等の古典的教養主義からドイツ人文主義，イギリスの紳士教育等に代表される。知的に洗練された精神の所有者を育成しようとするものである。人間が知的，道徳的，精神的，倫理的の四つの側面において陶冶されることを求める。教師中心の指導であり，学習者の興味関心よりも教材を中心として進められその論理性が重んじられる。学習者の課題解決には充分対応できないという面もある。イギリスの大学拡張，ドイツの国民教育や民衆大

学，アメリカのライシャム運動やシャトーカ運動等の19世紀に展開された成人教育の多くはこの教育理念にあてはまる。

20世紀前半のアメリカの成人教育に最も大きな影響を与えたのは，進歩主義成人教育（Progressive Adult Education）である。今日も，その影響は非常に大きい。デューイ（J. Dewy）に代表される教育理論である。伝統的学校教育が現実と乖離していることから，進歩主義教育は実生活における学習者の興味や関心および経験を軸とし，現実の社会や生活とかかわる教育理論として，また民主主義社会を生きる成人の教育理論として，幅広く取り入れられた。また人間を主体性，意思，選択権，自由，責任をもった存在とみなし，学習者の体験や学習者のニーズ，興味，関心のある学習を重視すると共に，環境を整え，科学的方法や経験的な思考法によって人間の可能性を十分に引き出すことにより豊かな人生を導こうとするものである。教科を教えるのではなく学習者自身が抱える問題解決学習を中心とするものである。この進歩主義に基づく成人教育理論は，今日のアメリカ成人教育の根底にあるといっても過言ではない。

20世紀半ばには行動主義の教育理論が展開されるようになった。態度の変容を学習とし，行動様式の変容を導くことを教育とする。したがって学習目的の明確化，学習内容の選択，配列に始まる効果的な学習計画の立案，態度や行動変容を評価する学習評価等，正確な学習プログラムが立てられ，成人の学習を正確かつ確実なものとした。行動主義成人教育は，成人の職業教育をはじめ日常生活や社会生活の上での知識・技術の習得に大きな成果をもたらした。ワトソン（J. B. Watson）によって始められ，ソーンダイク（W. H. Thorndike），タイラー（F. W. Taylar），スキナー（B. F. Skinner）によって発達してきた。ソーンダイクにあっては，1972年のアメリカ成人教育学会において，成人の学習能力は著しく低下するものではないことを発表し，成人および高齢者の学習に大きく貢献したのである。

同じく20世紀後半，人道主義的な学習理論による成人教育学が発達した。各個人の人間としての存在価値を重視し，自己実現に向けての学習を援助していくと同時に民主主義的な共存を目指すものである。学習にあっては，個人の学習のニーズから学習経験，学習の自己評価まで，学習者を主体とするものであ

る。マズロー（A. H. Maslow），オールポート（F. H. Allport），フロム（E. Fromn）等の人道主義心理学や人道主義哲学にその基礎を置いている。[3]

　成人教育学者のバージャヴィン（Paul Bergevin）は，成人教育は個人の成長を助けることであり，その個人の成長によってより良い民主主義社会が築かれるとしている。[4]人道主義成人教育は，民主主義社会にあって，個人が能力を十全に発揮する豊かで価値ある人生を援助するという，成人教育理論として展開されている。

3　成人の学習の特色

　アメリカにおいて成人教育を研究してきたノールズは，これら多くの学習理論を受け継ぎながら，成人の学習が今まで子どもの学習と同じようにみなされてきたことを指摘し，成人教育は伝統的に行われてきた子どもの教育とは異なるものでなければならないとしてアンドラゴジーを展開していった。

　ノールズはその著書 *The Adult Learner : A Neglected Species*（成人学習者──無視されてきた人々）において，成人そのものを研究して導き出された学習理論の形成に対して精神療法（psychotherapy）と成人教育の実践が多大な貢献をしていると述べている。

　精神療法は，再教育と深くかかわっている点において，また多くは成人を対象としていることから，成人教育に多く貢献しているというのである。彼はフロイト（Sigmund Freud）の行動の基にある潜在意識の研究を挙げると同時に，ユング（C. G. Jung）やアドラー（A. Adler）等の心理学が産み出した成人に関する研究成果が成人学習に対して大きな役割を果たしたと述べている。さらに人道主義心理学者で第三の勢力といわれた，十全に機能する人間（fully functioning persons）を説いたロジャーズや，自己実現を説いたマズローの貢献について多く触れている。マズローの要求段階説（hierarchy of needs）と自己実現（self-actualization）は成人に関する研究として，成人学習に大きな示唆を与えたという。[5]

　ロジャーズの研究も成人の教育に対して特に多くの貢献をしているという。

77

Ⅲ 成長と変容の生涯学習

　第一は，ロジャーズが一般的にセラピーは学習過程であるとして，患者中心療法（client centered therapy）と同じように，学習者中心の教育を考え出したことである。ノールズはロジャーズの学習者中心の教育が，以下のような原理に基づいていることに注視している。すなわち，人々は，人を直接教えるということはできない。人々にできることは学習しやすい状況を作るということのみである。なぜなら人は，その人自身に続いて起こる経験の中に存在するからである。したがって経験の重視が必要であり，教師は自分が教えることにではなく，学習者に起こっていることに注目する必要があるのである。第二は，学習者が自分にかかわることからのみ学ぶという原理から，学習内容は学習者とかかわりのあるものであることの重要性である。ノールズは伝統的なアカデミックなカリキュラムへの疑問を提示している。第三は，脅威からの解放の必要性である。自己との調和が認められる経験のみが，リラックスしている場合において受け入れられるというものである。ノールズは実際には学習が，各個人に対して脅威を与えていることを指摘し，学習者が責任をもって学習を行うことに信頼を寄せ，学習者を受容することや支援する環境を整えることの必要性を重視している。第四は，第三の原理と結びついているが，脅威，恐怖を最小限にし，分化的認知（differentiated perception）が助長される状態をつくることである。教育実践において，最も効果的で有意義な教育ができる状況であるとしている。

　ロジャーズは学習を，完全に学習者自身によってコントロールされる内的なプロセスであるとみなしている。すなわち学習は，学習者の全存在とその認知する環境との相互作用によって行われるものなのである。またロジャーズは，学習を，生きていく上で呼吸をするのと同じように自然なものとみなしている。さらに，人間を自己実現し，維持し強くなっていこうという傾向を基本的にもっているものとしてとらえている。すなわち，人間の力を信じ人間を肯定しているのである。ノールズの成人教育学は，このような心理療法から多くを学び，人間を信じその価値を肯定するところに基礎を置いている。[6]

　多くの研究者が子どもの教育の延長の範疇で成人をとらえていた。しかしマクロスキー（Howard McClusky）は，成人の能力を子どもとは異なるものとし

てとらえることによって成人の成長発達を思考した。マクロスキーは成人の限界観，時間のとらえ方，成人期の危機，自己概念に注目したのである。成人の学習過程に関する研究は，フール（Cyril O. Houle）が1950年代に始め，タフ（Allen Tough）によって発展させられていった。タフ等によって，成人学習者は何をなぜ学ぶかということから，いかに学ぶか，さらにどのような学習の援助が有効かということが研究されていった。子どもと同質の学習としてではなく成人独自の学習の研究が深められていったのである[7]。

　成人に対する研究をもとに成人の学習の特色が明らかにされ，アンドラゴジーが確立されていったのである。

4　自己主導の成人のための学習援助

　ノールズは，1950年に *Informal Adult Education*（インフォーマル・アダルト・エデュケイション）を出版した。この著作は成人教育の分野で大いに活用された。その後，改訂を兼ねて，*The Modern Practice of Adult Education : From Pedagogy to Andragogy*（成人教育の現代的実践——ペダゴジーからアンドラゴジーへ）を1970年に出版した。この著作は今日においてもアンドラゴジーの基本の書として広く活用されている。

　ノールズは今までの学習に関する知識は，子どもや動物に関する研究からであり，教授法に関する研究も子どもを強制的に座らせた状態で行われているとしている。さらに教授学習に関する理論は教育というものを文化の伝達ととらえた上に打ち立てられたものであるとしている。これらの研究から生まれたものがペダゴジーであり，語源からみても pedagogy はギリシャ語の子どもを表す paid と導くを表す agogos からできた語であり，子どもを教えるための教育学であるというのである。

　ノールズは，このペダゴジーが，教育学として用いられてきたことから生まれた二つの大きな問題を挙げている。その一つは，歴史のどこかでこの「子どものための教育学」から子どものためという部分が抜け落ちたということである。したがって成人教育に対しても，子どものための教育がそのまま用いられ

Ⅲ　成長と変容の生涯学習

てきたことによって，今日まで成人教育はあまり効果を挙げなかったと考えられるとしている。

　もう一つの問題は，教育そのものの目的である。ペダゴジーにおいては，古くからその目的は知識の伝達と考えられていた。しかし，ノールズは今日の教育の目的はそれでは不十分だとしている。彼はアルフレッド・ホワイトヘッド（Alfred Whitehead）の言葉を引用し，今日の教育の在り方を示唆している。社会や文化の変化に何世代もかかった時代，すなわち人の一生が社会や文化の変化より短かった時代は，青年期に学んだことは，その人の生涯にわたり価値のあるものであった。しかし，我々はこのことが通じない事態に初めて遭遇するという時代に生きている。すなわち社会・文化の変化は短い期間に起こるようになり，人の一生の方が，その変化が起こる期間より長くなったのである。したがって，人は新しい状況に直面していくことができるようなトレーニングが必要とされるようになったのである。

　寿命は長くなる一方だが，それとは反対に短期間に社会・文化の変化が起こるようになってきた。ノールズはこの新しい時代においては，若い時に得た知識や技術は，どんどん時代遅れになっていくことを指摘している。したがって今日では，知っていることの伝達過程と定義された教育は，機能しなくなってしまった。教育は知らないことを発見する過程と定義しなくてはならなくなったのである。ノールズは，子どもが学ばなければならないことは，大人が教えなければならないと思っているようなことではなく，探索の仕方（how to inquire）であることを強調している。この点において伝統的教育学であるペダゴジーは，現代の成人の要求はもとより子どもの要求にも十分応えられるものでないと考えられる。ノールズは，子どもを対象としたペダゴジーとは異なる教育学としてアンドラゴジーを考え出したのではあるが，アンドラゴジーは今日の生涯学習時代を生きる子どもたちにも適用できるものであると考えられている[8]。

　ノールズは成人への学習支援かつ生涯学習時代を生きる子どもの学習支援として次の4点（①自己概念の重視，②経験の役割，③学習の準備性，④学習の方向付け）を挙げている。彼は，成人の特徴を挙げて説明をしているが前述の

ように，これからの時代を生きる子どもにも適用すべきであるとしている。
① 自己概念（Self-Consept）の重視
　人は自己のすべてを他の人に依存する状態から，次第に自己主導へと変化する。すなわち自己概念は依存的から自己主導的へと向かうのである。人は自分自身を自己主導的であるとみなすようになる。人が自分は物事を判断することができ，その結果に向かい合い，自分で自分の人生を考え生活していけると思うようになるのである。まさに，この時こそ，すなわち自分を自己主導の人間であるとみなした時こそ，人は心理的に大人になったといえるのである。
　さらにこの時，非常に大きな深いニーズが生まれる。人からも自己主導の人間であると認めてもらいたいというニーズである。すなわち，成人は尊厳をもって扱われ，自己決定をすることができ，一人の独自の人間として扱われたいというニーズをもっているのである。逆に，子ども扱いされて，指図されたり，言い負かされたり，恥をかかされたり，罰を与えられたり，判定されたりしようものなら，怒り，反抗することになる。すなわち成人には，自己主導性を重視した学習支援が必要となるのである。そうでない場合は，自己概念と学習状況の間に多大な緊張が生じ，学習効果は望めなくなるのである。
　ノールズは自己主導型の成人への援助として考慮しなければならない点を五つ挙げている。まず一つめは，学習環境である。物理的な環境としては，くつろげる雰囲気で，設備，備品等も大人に合わせたものでなければならない。机の並べ方ひとつにしても，昔からの学校教育のように縦横に並べるのではなく，グループに分けて机を丸く並べるというような工夫が必要である。心理的環境作りとして，成人が受け入れられ，尊敬され，支援されていると感じるようにしなければならない。教師と学習者は共に探求する者としての成熟した精神的関係で結ばれていなければならない。伝統的学校教育における教師と生徒のように完全に地位が分かれた関係や，生徒を十把一絡げにみなす関係ではなく，一人ひとりを名前で呼び，一人の価値ある個人として扱わねばならないのである。ノールズは学習環境に大きな影響を与えるのは教師であるとして，教師が学習者のことを思いその学習参加に敬意を示すためにも，学習者のいうことに真摯に耳を傾けることを強調している。

二つめは，自己主導型の自己概念をもつ成人には，押しつけられた学習は合わないということである。成人は自分で必要と認めた学習にのみ深く打ち込むことができる。したがって成人の学習には，学習ニーズを自己診断することが非常に重要となる。ニーズの自己診断の方法は以下のとおりである。まず初めに，自分の到達点や目標とするモデルを明らかにし，次に現在の自分の能力，技能，状態を明らかにする。最後にこの差を測り，何がどれだけ必要かを確認するのである。この過程で，学習者は課題を明らかにし，ニーズを認識するとともに，学習へのモティベーションをもつ。すなわち，学習への動機付けがされるのである。

　三つめは，学習計画を立てる際も，教師一人が思いのままにするのではなく，学習者と共に立てることの必要性である。教師が立てた学習計画を押し付けた場合，学習者は身を入れて学習しないということがよく起こる。すなわち，自己主導型の学習者とこの一方的な方法は相容れないのである。計画を立てる際に全員が参加できない場合は代表者を入れる等の工夫が考えられる。人はやはり自分が幾分でもかかわったものには，より深くかかわっていく傾向がみられる。学習活動においても自己関与が重要となるのである。自己主導型の成人に対して効果的学習を導くためには，教師と学習者が共に学習計画を立て，互いに責任を共有し合うことが重要である。

　四つめは学習そのものに関してであり，自己主導型の自己概念をもつ成人は，教授・学習過程において教師と共にその学習に責任をもつということである。伝統的なペダゴジー的教育においては，教師の役目は教えることとされており，教師は教育課程における全責任をもつことになる。学習者は教師から教授されるものをただひたすら受け止める存在なのである。しかし，アンドラゴジーにおいては，両者は教授・学習過程に相互に責任をもつものである。したがって教師の役割は導き手であり，情報提供者であり，共同探究者である。指導者というよりはむしろ学習者の学習を効果的にスムーズに行わせる触媒なのである。すなわち専門家というより案内人のようなものである。アンドラゴジーでは，教師は人を学習させるという意味の「教える」ということはできないと考える。むしろ，人の学習を助ける程度のことぐらいしかできないと考えるのであ

る。しかし、この人の学習を援助するということは非常に重要なことなのである。

　五つめは、評価に関してである。自己主導型の成人学習者には自己評価が相応しいと考える。自己評価ができるよう援助・工夫するのは教師の役目であり、この過程で、教育プログラム自体の長所や弱点も明らかになってくるのである。この自己評価とは、ニーズの再診断に匹敵するということができる。すなわち、到達した現在の能力と最初の能力を自分で比較することによって、学習成果を測ることができるのである。自己評価は、次の学習への意欲を導くことになる。

　このように自己主導型の成人に対しては、その自己概念に合った学習支援が必要なのである。

② 経験の役割（The Role of Experience）

　人は成長・成熟するにともない多種多様な経験を蓄積していく。それらの経験は学習に対する豊かな供給源となりうると同時に、新しい学習が結び付く基盤でもある。したがって成人の学習においては、この豊かな経験を生かした学習方法が効果的である。

　また経験に関しては子どもと成人ではそのもつ意味が異なる。すなわち、子どもにとっての経験は単なる出来事であり、その子ども自身の一部として統合されているとはいえない。しかし、成人にとって経験は自己そのものとなり、自己のもつ独自の経験群の上に自己を見いだそうとする。成人は自己自身を自己の経験と同一視するがゆえに、自己の経験を非常に重視するのである。したがって、その重要な経験が重んじられない場合、または無視されるような学習状況においては、彼自身がないがしろにされたように感じてしまう。すなわち経験を重んじない学習の効果は極めて低いといえる。また年齢とともに経験が増加することから、年齢とともに個人差が増大することを忘れてはならない。

　実際の学習においては、学習者の経験を活用できる方法の工夫が求められる。グループディスカッションや、ロールプレイングを実施する等、うけたまわり学習から参加型学習への転換が必要である。ノールズは、学習者が学習過程において活動的であればあるほど、学習効果が上がるとしている。また、学習が日々の生活の中で実際に役立つよう工夫する必要性も説いている。

③ 学習の準備性（Readiness to Learn）

　子どもには，発達段階における課題があり，各段階に応じた課題を達成していく。成人も仕事において，自己の各時期に求められる課題を段階的に達成していかなければならない。

　しかし，レディネスすなわち学習の準備性に関して，子どもと成人では違いがある。子どもの発達課題は精神的・肉体的成熟とのかかわりから生じるのに対して，成人のそれは社会的役割から生まれるのである。すなわちペダゴジーにおいては，学習の準備性は子どもの精神的・肉体的発達や勉強の段階とかかわり，"なすべき（ought）"ことができうる状態にあるかどうかが重要であるのに対し，アンドラゴジーでは社会的役割遂行において"必要（need）"とする学習ができうる状態にあるかどうかが問題となる。

　したがって実際の学習において成人には，必要とするものを学ぶタイミングが非常に重要になってくる。その人が仕事の上で必要とする学習とタイミングが合っていないと学習効果は上がらないのである。例えば職業を遂行している最中の，かつこれからも続けて昇進していこうとしている40代の人々にとって，退職準備講座を受けるということは，レディネスが整っていないということができる。また，学習によっては発達課題が同じもの同士が集まって学習する方が効果的な場合と，様々な発達課題をもっている者が集まって学習する方が効果的な場合の二通りがある。グループ編成において注意が必要である。

④ 学習の方向付け（Orientation to Learning）

　子どもと大人では学習成果に関して時間的な見方が異なる。子どもは今のために学習するのではなく，次の段階である将来のために学習しているといえる。しかしながら成人は，現在抱えている問題を解決するために学習し，明日にもそれを活用しようとしているのである。したがって，子どもは教科中心（subject-centered）学習であるのに対し，成人は問題中心（problem-centered）学習，または問題解決学習を必要としている。

　実際の学習において，ペダゴジーでは教科の論理的な配列等が重視されることになるが，アンドラゴジーにおいては学習者や組織体そのものの実在する関心事に焦点を合わせるのである。すなわち，アンドラゴジーでは，教師は学習

第1章 成長し続ける成人とアンドラゴジー

者を中心に学習を進める。教科を教えることを第一義とするのではなく，むしろ人が学習するのを助けることを目的とするのである。また，アンドラゴジーにおいては，ペダゴジーにおいて伝統的に固定された教科の配列として用いられているカリキュラムという語は使わず，プログラムという語を使う。教科ではなく，問題となっている領域を中心に学習できるようにするのである。

さらに，問題中心学習においては，成人が問題に直面したそのときを学習チャンスであると考える。したがって各授業は何を得られるかを明確にするとともに，授業の初めに，取り扱う問題を明らかにしなければならない[9]。

ノールズは後に第五の原理として，モティベーション（motivation）すなわち動機付けを挙げている[10]。モティベーションの重要性は，自己主導的な自己概念の中においてすでに論じられているが，さらに成人の学習の内的作用としてモティベーションの重要性を強調している。

ノールズは，アンドラゴジーにおける学習は，内的作用の進行過程であるととらえた。ペダゴジーにおけるように教育が知識の伝達であり，知識を詰め込むことに重点が置かれる場合は，学習は外的要因に多く左右されることになる。すなわち知識の蓄積をより効果的にする教師や，より良くまとめられたテキスト等が重視されることとなる。この観点からみれば教師の役割は，学習者を教えるのではなく教科を教えることと規定される。

その後の多くの研究から，学習は学習者自身によって行われる内的な過程であり，学習者の知性や感情および生理的機能を含む全存在によって規定されることが明らかになってきた。すなわち学習は，学習者が要求を実現しようとする，また目的に到達しようとする過程ということができる。したがって学習者は，本人が必要と感じ本人が思うところの目的の達成まで，あらゆるものを活用し，多くのエネルギーを使って努力するのである。学習過程とは学習者の能動的な経験である。学習者本人と環境との相互作用によって行われる経験なのである。すなわち学習は，本人が環境つまり他の人間や事物との積極的な相互作用をしてこそ成立するのである[11]。

学習は内的過程であるがゆえに，学習者が自己主導的探求をすることによって大きな学習成果を得ることができる。学習者自身の深いかかわりがアンドラ

ゴジーにおいては重視されることとなる。ニーズの自己診断から学習目標の樹立，および学習計画と実行，さらに自己評価への主体的かかわりが非常に重要な所以である。アンドラゴジーにおいて教師は自分の知識を学習者に押し付けるのではなく，学習者が自分で学びたいことを学ぶのを助けるということをしなければならない。自己主導型の探索を主とするアンドラゴジーにおいては，教師は学習者に対して答えがすでに決まっている質問に応答する能力を育成するのではなく，学習者が自分自身で問題を発見し，その答えを見つけ出すのを助けるということに大きな責任をもつのである。

既述したようにノールズは，これらは成人に対してだけではなく生涯学習時代を生きる子どもの教育にも必要とされていると説いている。ノールズの原理を表にまとめると表Ⅲ-1，表Ⅲ-2のようになる。ノールズはこの二つの表は良し悪しを表しているものでも，子ども用と大人用を表しているものでもないとしている。

場合によっては，まったく知らない分野の学習の初期等にみられるように，後に自己主導的学習に移る前のしばらくの間は，教師に依存したペダゴジー的な学習が必要な場合もある。しかし，それは一時的なものであって，生涯学習時代においては，成人の教育および子ども・若者の教育にアンドラゴジーを有効的に活用していくことが求められているのである[12]。

アンドラゴジーはダニエル・プラッツ（Daniel D. Pratt）等が教授学習方法を五つに分けたファイブ・パースペクティヴの中の一つ，ナーチャリング・パースペクティヴ（Nurturing Perspective）として取り上げられている。学習者の自己概念と自己効力感を重視するものであり，指導者は学習者が自信をもち自己充足のできる学習者になる支援を重視すると述べられている[13]。

生涯学習時代にあっては，ただ単に多くの学習機会を作るのではなく，その実施において，成人の学習の有効性を考慮する必要がある。さらに生涯学習時代を生きる子どもの教育も新しい時代に相応しい方法をとることが求められている。

第1章 成長し続ける成人とアンドラゴジー

表Ⅲ-1　ペダゴジーとアンドラゴジー

	ペダゴシー	アンドラゴジー
学習者	伝統的自己概念	自己主導的自己概念
学習者の経験	学習資源にはならない これから築かれていくもの	他者の学習資源として有用であると同時に自分の学習にも役立つ
学習のレディネス	年齢やカリキュラムにより統一されている	社会的役割，生活課題や直面する問題等に応じて展開されていく
学習の方向性	教科中心型	課題または問題中心型
モティヴェイション	報酬や罰などの外的誘因	興味・関心などの内的誘因

（出所）Knowles, Malcolm S., "Applying Principles of Adult Education in Conference Presentations", *Adult Learning*, Sep.-Oct., 1992.

表Ⅲ-2　プログラム要素

要素	ペダゴジー	アンドラゴジー
雰囲気	緊張，低い信頼度 形式的，冷淡 権威主義 競争的 判定	リラックス，信頼 非形式的，暖かい 互尊 協調的，協力的 支援
計画	教師主導	学習者と共に
ニーズの診断	教師主導	学習者と共に
目標設定	教師主導	学習者と話し合って
学習計画	教師による コースシラバスに沿って 単元の論理性	学習者と共に プロジェクトを作って レディネスに対応する学習課題の配列
学習活動	教授・伝達の技術 書物を読む宿題	探求学習 自己主導型学習 経験学習
評価	教師による 基準重視 等級付け	共同学習者や教師などの認める事実から自己評価

（出所）表Ⅲ-1に同じ。

Ⅲ 成長と変容の生涯学習

注
1) 杉谷正毅「ドイツの社会教育」日本社会教育学会編『社会教育行政の理論』国土社，1959年，pp. 135-137.
2) Long, Huey B., "Evolution of a Formal Knowledge Base", Peters, John M., Javis, Peter and Associates eds., *Adult Education*, San Francisco : Jossey-Bass, 1991.
3) 土井利樹「学習プログラム編成の理論」倉内史郎・土井利樹編『成人学習論と生涯学習計画』亜紀書房，1994年，pp. 71-83.
4) Bergevin, Paul, *A Philosophy for Adult Education*, New York : The Seabury Press, 1967.
5) Knowles, Malcolm S., *The Adult Learner : A Neglected Species*, Huston : Gulf Publishing Co., 1973, pp. 29-31.
6) *Ibid.*, pp. 32-34.
7) *Ibid.*, pp. 34-37.
8) Knowles, Malcolm S., *The Modern Practice of Adult Education : From Pedagogy to Andragogy*, New York : Association Press, 1970, pp. 37-38.
9) *Ibid.*, pp. 39-49.
10) Knowles, Malcolm S., "Applying Principles of Adult Education in Conference Presentations", *Adult Learning*, Sep.-Oct., 1992, pp. 11-14.
11) Knowles, *op. cit.*, 1970, pp. 50-52.
12) Knowles, *op. cit.*, 1970, pp. 38-39.
13) Platt, Daniel D., *Five Perspectives on Teaching in Adult and Higher Education*, Malabar : Krieger Publishing Company, 1998, pp. 48-49.

第2章
変容する成人のための学習

1　意識変容という概念の出現

　2008年に出版された *Transformative Learning in Practice*（自己変容の学習の実践）においてメジロー（Jack Mezirow）は次のように述べている。1978年に彼が発表した自己変容の学習に基づく研究により，成人の自己変容のプロセスが明らかになった。そのプロセスは，①混乱を引き起こすジレンマ，②自己分析（self-examination），③前提の批判的な考察および評価（critical assessment），④自己の不満と変容過程を結びつけるという認識，⑤新しい役割，関係および行動の探求，⑥一連の行動の計画，⑦自己の計画を実施するための知識や技術の獲得，⑧新しい役割の実践の試み，⑨新しい役割と関係における能力と自信の形成，⑩自己の新しいパースペクティブの要求への新しい生活の再統一である[1]。メジローも述べているが，その後様々な分野でこの理論が展開され実践されていった。

　メリアム（Sharan B. Merriam）とカファレラ（Rosemary S. Caffarella）は，メジローの理論は大人がいかに自分の経験を解釈するか，またいかに意味付けをするかということに関するものであり，この意識変容の学習は，1980年以降中心的な存在となったと述べている[2]。

　また，1978年にメジローによって発表された最初の論文「意識変容の学習理論（Transformational Learning Theory）」は変化に対するものであり，その変化は自己自身およびその自己が住む世界の見方に対する劇的かつ根本的なものであると述べている。意識変容の学習はアンドラゴジーや自己決定学習のように成人学習者の特徴に焦点を合わせるというよりは，学習の認知的過程を，より深く考察しており，経験の精神的な構造やその内面的な意味および振り返り

(reflection) がこのアプローチの要素であるという[3]。

2 自己を主体的に生きるための学習

　学習とは知識を獲得することだけではないのは周知のとおりである。子どもも，大人も成長していくものである。しかし，大人の成長の中には，すでに獲得し，形成されたものをもう一度見直し，自らが変容しなければならないものがある。

　「意識変容の学習プロセスは人生経験と固く結びついている。すべての人間は自分の経験を理解し，自分の人生で起こっていることを意味づけたいというニーズをもっている。……経験を理解しようとするとき，私たちははじめ，過去に使うことのできた考え方のすべてを活用する。昔の考え方や意味づけの仕方ではうまくいかないとき，私たちはその問題を拒絶したり，先に延ばすこともできる。また，正面から立ち向かうこともできる。人生の経験の意味づけに取り組むことこそが，パースペクティブを変化させるための機会なのである。学習者は，経験の解釈の仕方を形づくる前提や信念を批判的に自己分析しなくてはならない[4]」とメリアムとカファレラは述べている。

　また本書Ⅰ篇第4章3節で取り上げたパウロ・フレイレ（Paulo Freire）に関しても次のように述べている。「フレイレの，解放のための教育では，ひとの意識は変容されなくてはならない。……フレイレは，みずからの教育理論を運用できる技術を開発し，とくに第三世界で非識字と戦うことができることを証明した。北アメリカにおけるその教育理論の応用は限定されているが，それはおそらく社会変化の必要性に起因している。意識化はフレイレの理論ではつねに政治的な行動であるが，成人の学習の特徴という点で言えば，自分の前提，信念，価値観に気づき，それらの前提を新しいパースペクティブあるいは意識のレベルに変換するプロセスとする点で，パースペクティブの変容に似ているとみなすことができる[5]」というのである。すなわち識字教育においては，生活や境遇とかかわりなく単純に機械的に文字を覚えるのではなく，学ぶ人自身の意識変容をともなうことが必要なのである。

大人はすでに確立された経験や哲学をもっているがゆえに，その変容のためには学習が必要となってくるのである。パトリシア・クラントン（Patricia A. Cranton）は意識変容の内容を以下のように述べている。

　意識変容の学習は，自己を批判的にふり返ろうとするプロセスであり，私たちの世界観の基礎をなす前提や価値観を問い直すプロセスである。価値観は必ずしも変えられるわけではないが，検討はされる。つまり，それらの価値観のもととなることを明らかにし，そのうえでその価値観を受け入れて正当化するか，あるいは変更したり，否定したりする。意識変容の学習は，たとえば転職，退職，配偶者との死別，転居，離婚のような人生の危機の結果として起こることもある。しかしまた，人（教育者を含む）との活発なやりとりによって生まれたり，あるいは入念に企画された演習や活動への参加や，読書や視覚教材によってもまた，突然，生じるかもしれない。ほとんどの人は，自分の世界観を変えさせてくれた特別な教育者や，これまでの価値観を考え直すことになった講座やワークショップ，あるいは影響された本や映画を忘れないだろう。これらは意識変容の学習の例である[6]。

　意識変容の学習においては，自己の経験が自己によっていかに解釈されているかを明らかにすることが重要である。すなわち意識変容の学習は，すでに在ったものを問い直すことによって，新しい社会の中で新しい自己を主体的に生きていく学習であるということができる。

注
1) Mezirow, Jack, Taylor, Edward W. and Associates, *Transformative Learning in Practice*, San Francisco : Jossey-Bass, 2009, p. 19.
2) Merriam, Sharan B. and Caffarella, Rosemary S., *Learning in Adulthood: A Comprehensive Guide 2nd ed.*, San Francisco : Jossey-Bass, 1998, p. 318.
3) *Ibid.*, p. 319.
4) *Ibid.*, p. 320.

5) *Ibid.*, p. 325.
6) パトリシア・A. クラントン，入江直子・豊田千代子・三輪健二訳『おとなの学びを拓く──自己決定と意識変容をめざして』鳳書房，2005年，p. 204.

Ⅳ　ライフサイクルと生涯学習

第1章
生涯にわたる発達と学習

1 加齢と知能

　教育というものは学校教育だけを指すと思っている人が多い。教育というものを，人生の前半の青年期までに必要なものと思っているのである。人間としての成長をまるで身長のように，青年期で止まってしまうと誤認しているのである。成人教育の歴史は1833年のドイツのカップ（Alexander Kapp）に始まったといわれている。しかしヘルバルト（J. F. Herbert）ら当時の教育学者や思想家たちの，教育の対象となるのは青年期であって，教育は成人期に関与しないという考えのもとに否定され，その後1世紀近くもの長きにわたり人びとから忘れ去られていたという。1920年代に再び現れたとはいえ，1900年代の後半になって初めて多くの承認を得て普及してきたといえる。人間が生涯成長し続けるということが認識され，その成長を生涯にわたり保障する教育という概念が受け入れられてから，まだ十分な年月が経ったとはいえないのである。

　人間は，成長し，学び続けることができるのであるが，その学習能力すなわち知能さえも，20歳までは発達するが20歳を頂点として年齢とともに低下すると考えられていた。すなわち知能の古典的老化パターンが信じられていたのである。しかし，近年の心理学の発達により，成人の学習能力の低下が否定された。

　1927年のアメリカ成人教育学会におけるソーンダイク（Edward L. Thorndike）の発表は，成人教育の世界の新しい歴史の扉を開いたということができる。ソーンダイクが，20歳を頂点として極端に低下していくという学習能力に関する誤った考えを否定する研究結果を発表したのである。すなわち，彼の研究から，成人の学習能力の低下は非常に緩やかなものであることが明らかになった。

その後の研究で、学習能力の低下というよりもスピードの低下であることや、その低下も継続的使用によって緩和や防止が可能なこと等が明らかになっていったのである。

今世紀の初めに実施された加齢と知能についての研究の多くは横断的研究 (cross-sectional study) であった。横断的研究とは20歳代, 30歳代, 40歳代というように各年齢層の人々を対象とした知能テストの施行結果に基づいて、年齢による知能の変化をみるものである。この研究方法の共通した結果は、知能は20歳代を頂点として次第に低下し、高齢になるにつれてその衰退が顕著になるというものである。しかしこの横断的研究には、教育年数の著しい差に代表される世代間の相異が、テスト結果に影響するという重大な問題点がある。知能の古典的老化パターンは現在も多くの人々に信じられているが、近年の心理学的研究によって、年代別の対象群を処理した横断的研究は、正確に加齢と知能の関係をとらえていないということが明らかにされてきた。

同一の対象を若年から老年に至るまで追跡的に研究する縦断的研究 (longitudinal study) では、加齢と知能の低下の関係が否定されている。ベァレン (James E. Birren) と共同研究者による四半世紀を超える継続的研究においては、知能の低下や学習能力の低下は高齢期に表出されていないことが明らかにされている。知能の低下がみられる場合は加齢によるというよりむしろ、病気がその原因であることが見いだされている。また正常な加齢をもってしても、肉体的反応および精神的反応に要する時間が増加するという反応時間の増加が認められている。しかしそれは知能および学習能力の低下ではないことが明らかにされており、ほとんどの人は新しい知識および新しい経験の獲得が可能であると考えられている[1]。知能の縦断的研究の代表者ともいえるシャイエ (Warner K. Schaie) も長期にわたる研究に基づいて、速い反応を求めない機能や反応時間が遅くなることによって影響を受けることの少ない機能においては、加齢による知能の低下は極めて少ないと述べている[2]。

加齢と教育との関係も明らかになってきている。グリーン (Russel F. Green) は最初教育レベルを考慮せずに各年齢層ごとの知能を調査し、加齢により知能の低下が顕著に現れるという結果を得た。しかしながら、対象者を教育レベル

Ⅳ　ライフサイクルと生涯学習

によって分類した後，年齢層ごとの知能検査結果を調べたところ，年齢による知能の低下はみられないことが明らかになった。この調査は年齢により教育レベルに違いがあるということおよび知能と教育レベルとの間に強い関係があるということを示唆している[3]。ベァレンとモリソン（Donald F. Morrison）も知能と年齢の研究において，知能と年齢よりも知能と教育レベルに強いつながりがあることを明らかにしている[4]。バトウィニック（Jack Botwinick）も現在における高齢者の知能低下はサンプルの取り方による世代間の教育期間の違いを表していることを強調し，これは現在における高齢世代と他世代の違いを表しているが，将来においてこのようなことはみられなくなるであろうと述べている[5]。

　成人の知能の概念化の主なものの一つが，キャッテル（R. B. Cattell）とホーン（J. L. Horn）の研究によって普及した流動性－結晶性知能の理論（Theory of Fluid and Crystallized Intelligence）である。すでに多くの人が教えられてきたとおり，流動性知能は生得的なものであり，加齢により低下するというものである。結晶性知能はそれぞれの文化の中で成長にともない学んでいく言語的理解，語彙，経験を評価する能力であり，加齢にともなう低下は極めて少なく，むしろ増加が可能といわれてきた。しかしながら流動性知能や複雑な関係を知覚する能力，短期記憶，概念形成，推論，抽象能力の測定はスピードを要する課題によって診断されるのに対して，結晶性知能はスピードを要さない課題によって測定される。単一の検査法はないのである。最近の研究においてホーンは，両タイプの知能は生得的なものであり，また同じように学習されたものであること，さらに，どちらのタイプも少なくともかなり高齢期まで育まれるという研究結果を出している。現在も，検査方法の開発が進められているのである[6]。

　知能に関してはガードナー（H. Gardner）の多重知能の理論（Theory of Multiple Intelligence）をはじめ様々な理論の提示があり，研究が進められている。また，近年の脳の研究により，人の能力の維持や開発の具体的な方法も生み出されている。

　人間は，常に十分な学習能力があり，その能力は，継続的使用によって保つことができる。人間の学習能力を認知し，生涯を通しての新しい知識の獲得と経験に挑戦し得る環境の醸成が必要とされるのである。

2　成人期の発達と学習

　加齢（aging）には，四つの側面がある。生まれてから何年か，何歳かという暦年齢（chronological aging），内臓機能も含めた肉体の加齢（biological aging），知覚機能と認知力（記憶，学習，知性），適応能力，人格を含む心理・精神的な加齢（psychological aging）および友人や家族，職業さらに社会等における役割や関係の変化にかかわる社会的加齢（social aging）である[7]。このどの変化においても，すべての人に低下が起こることはなく，低下はあっても工夫次第では学習への障壁となることを防ぐことができる。

　また，内的発達と学習の関係は三つに分けることができる。まず一つは，連続モデルとして個人の内部プロセスに焦点を当てたものである。若年成人期，中年期というように，人生の一連の時期や期間に焦点を当てたエリック・エリクソン（Erick H. Erikson）をはじめとする理論である。二つめは，特定の年齢との強い結びつきに焦点を当てたロバート・ハヴィガースト（Robert J. Havighurst）やダニエル・レヴィンソン（Daniel J. Levinson）の理論である。三つめは，ジェンダーや人種また社会階層のような社会的，文化的要素が成人の発達にどのような影響を与えるかという視点からの研究である。

　非常に複雑で難解な成人期の発達を理解するために，生物学や心理学，社会科学さらに人文科学から引き出される新しい見地や視点からの研究が進められている。

　成人期の発達の研究は，いくつかに分類することができる。たとえば発達理論を動機付け（motivation）に焦点を当てて研究したものとして，エリック・エリクソンやアブラハム・マズロー（Abraham H. Maslow）の理論を挙げることができる。また認知・認識力に焦点を当てて研究したものとして，ジャン・ピアジェ（Jean Piaget）が挙げられる。

　発達の目標に関しても様々な見地から研究されている。自己実現という特定の目標に向かうというマズローのような考え方のほか，自我の完全な統合に向うという考えもある。また，発達と人と環境の継続的な相互作用というとらえ

方もある。さらには，用いる発達の概念が異なるグループの利益に作用することを鑑み，政治的な構成概念であるというとらえ方もある[8]。

マルカム・ノールズ（Malcolm S. Knowles）は，成人期の発達の目標を成熟とし，そのために学習が必要であるとしている。彼は成熟した人間を次のように定義している。すなわち成熟した人間とは，ある段階に到達した人間や，多くの知識をもつ人間を指すのではなく，精神的成長を求め続けている人や，知識を今現在増やし続け，その賢明な使用に向かおうとしている人である。

ノールズは成熟のファクターをいくつか挙げている。その第一として，依存（Dependence）から自律（Autonomy）の方向を挙げている。自律に続き以下に挙げる13項における精神作用の方向が，人間を成熟へと向かわせるのである。それらは，受動的（Passivity）から活動的（Activity）へ，主観的（Subjectivity）から客観的（Objectivity）へ，無知（Ignorance）から啓発（Enlightenment）へ，小さな能力（Small Abilities）から大きな能力（Large Abilities）へ，あまり責任を負わないこと（Few Responsibility）から多くの責任を負うこと（Many Responsibility）へ，狭い範囲の興味（Narrow Interests）から広い範囲の興味（Broad Interests）へ，自己中心（Selfishness）から他人に目を向けるようになること（Altruism）へ，自己否定（Self-Rejection）から自己受容（Self-Acceptance）へ，無定型の自己認識（Amorphous Self-Identity）から統合された自己認識（Integrated Self-Identity）へ，一つのものへの固執（Focus on Particulars）から本質への着目（Focus on Principles）へ，表面的なかかわり（Superficial Concerns）から深いかかわり（Deep Concerns）へ，確実さの要求（Needs of Certainty）から曖昧さに対する寛容（Tolerance for Ambiguity）へ，そして最後に，衝動的（Impulsiveness）から論理的（Rationality）へと向かうことである[9]。

成人になってからも成長，変化していくのであり，そのためには学習が必要である。幼児期，青少年期以後も学習の保障が求められている。

我々は個人として成長・成熟し続けると同時に，社会の変化に合わせて，生涯にわたり学習し続けることが求められているのである。

第 1 章　生涯にわたる発達と学習

注
1) Birren, J. E., Buller, R. N., Greenhouse, S. W., Sokoloff, L., and Yarrow, M. eds., *Human Aging: A Biological and Behavioral Study*, Washington D. C.: S. Goverment Printing Office, 1963.
2) Schaie, K. Warner, "Age Change in Adult Intelligence", Woodruff, D. S. and Birren, J. E. eds., *Aging: Scientific Perspective and Social Issues*, California: Books/Cole Publishing Company, 1983.
3) Green, Ruusel F., "Age-Intelligence Relationship between Ages Sixteen and Sixty-Four: A Rising Trend", *Developmental Psychology*, Vol. 1, No. 5, 1969, pp. 618-627.
4) Birren, J. E. and Morrison, D. F., "Analysis of the WAIS Subtests in Relation to Age and Education", *Journal of Gerontology*, Vol. 16, 1961, pp. 363-369.
5) Botwinick, Jack, "Intellectual Abilities", Birren, J. F. and Schaie, K. W. eds., *Handbook of the Psycology of Aging*, New York: Van Nostrand Reinhold, 1977.
6) Merriam, Sharan B. and Caffarella, Rosemary S., *Learning in Adulthood: A Comprehensive Guide 2nd ed*, San Francisco: Jossey-Bass, 1998, p. 175.
7) Hooyman, Nancy R. and Kiyak, H. Asuman, *Social Gerontology: a multidisciplinary perspective 9th ed.*, Boston: Pearson/Allyn & Bacon, 2011.
8) Merriam and Caffarella, *op. cit.*, pp. 93-94.
9) Knowles, Malcolm S., *The Modern Practice of Adult Education*, New York: Association Press, 1970, pp. 24-29.

第2章

成長し続ける人間

1 発達課題と生涯学習

　成長に関するとらえ方は，同じ時代，同じ文化であれば，人はある時期または年齢によって，似かよった問題に直面し，段階的に変化を迎え成長していくというステージ・モデルと，年齢よりも遭遇する出来事を重視するライフ・イヴェント・モデルの二つに分けることができる。

　児童期や青年期に関しては，成長段階の研究が数多くなされてきた。しかし，成人期になってからの成長段階については十分知られていなかった。人の成長は，青年期まで続くが成人期に入ると，身長と同じように停止するかのように考えられていたのである。しかしながらエリクソン（E. H. Erikson）は生涯にわたりパーソナリティーは変化する。すなわち人は成長すると考えた。エリクソンは，アメリカの精神分析学者であり，フロイト（Sigmund Freud）の発達理論を継承しながら，社会心理学的な観点を加えて人間の生涯を8段階に分ける自我発達理論を構築した。

　エリクソンの理論は，心理 - 社会的な発達の諸段階を規定し，その各段階に心理 - 性的な漸成を関係づけることによって，自我の漸成的研究の基礎をつくりあげている。発達段階はフロイトのリビドー発達の各段階に平行して進むだけではなく，それを超えてライフサイクル全般にまで拡大されている。またエリクソンは，ライフサイクルの各段階にはその段階において解決しなければならない固有の発達課題があると考えている。その解決は，前段階において準備され，その後の段階においてさらに進んだ解決がなされる。各段階はその段階において到達しうる解決の成功と失敗の両極端によって記述されるが，実際にはその結果は両極端の均衡であるという。

第2章 成長し続ける人間

　エリクソンは,「徳」の発達を考えている。徳は人間にとって内在的な活力となるものであり,人間的な強さである。児童期に発達し徳として残る痕跡は,希望（第一段階）→意思（第二段階）→目的（第三段階）→コンピテンス（適格性）（第四段階）である。青年期の徳は,忠誠である。成人期の中核的な徳は,愛（第六段階）→世話（第七段階）→英知（第八段階）である。これらの徳目は,前記の発達課題の達成と同様に漸成の原理に従う。たとえば,希望をもつことが安全であると感ずるまでは,意思の訓練は困難である。忠誠心が是認されるまでは,愛は相互補完的なものとなりえないのである。[1] また「エリクソンの自我発達論の特徴は,人間が漸成的各段階で出会う社会的環境との交わりの過程の中で,本質的に社会的な人間の特性が開花すると考えるところにある。（一般の人類学者が仮定しているように）「しつけ」や「社会化」によって,本質的に社会的でない個人に社会的規範を付加していくとはみないのである。エリクソンによれば,社会は,人間が漸成的な発達において各段階特有の課題を解決していく方法に影響をあたえることで,彼をその社会の一員とするのである」[2] という。

　ハヴィガースト (R. J. Havighurst) は,発達課題を体系的に論理化し,教育と結びつけて考察を深め *Human Development and Education*[3] (人間の発達と教育) を著した。発達課題という言葉は,1930年代半ば,アメリカにおいて中等教育の問題と目標を解明しようとする過程で用いるようになったといわれている。ハヴィガーストの発達課題は,1940年代から1950年代にかけて,アメリカの教育界で活用され,その後も教育界ならびに教育者に大きな影響を与えてきた。社会・文化の違いによって,必ずしも現代社会に当てはまるとはいえないが,人の一生の発達課題を明示し教育とのかかわりを考察したハヴィガーストの功績と影響力は多大なものであるといえる。彼の著書 *Human Development and Education* (人間の発達と教育) の中に,人の一生における果たすべき課題が明らかにされている。

　ハヴィガーストの人間の発達課題の特色は,人間の生涯のある時期だけを取り上げているのではなく,生まれてから死ぬまで,すなわち乳幼児期から老年期までの人間の一生の成長・発達を連続的にとらえていることである。また,

Ⅳ　ライフサイクルと生涯学習

　人間の成長・発達を単なる自然的な過程としてみるのではなく，個人が本来いろいろな課題をもっており，その課題を果たすべく成長・発達しているという見方をしていることである。その課題は乳児期，幼年期，児童期，青年期，成人初期，成人中期，熟年期とそれぞれに固有のものであり，もしその段階にそれを果たさなければ，次の段階の発達に影響すると強調している。彼は「個人が学ばなければならないもろもろの課題，すなわち生涯の発達課題は，われわれの社会において健全な成長をもたらすものである。発達課題は，個人の生涯にめぐりくるいろいろの時期に生ずるもので，その課題をりっぱに成就すれば個人は幸福になり，その後の課題も成功するが，失敗すれば個人は不幸になり，社会で認められず，その後の課題の達成も困難になってくる[4]」と述べている。また同じ課題でも，歩行や言語の学習，習慣や性格の形成等のように人間の一生の間に一回しか現れてこない課題と，友人とよい関係を作る学習や価値判断の学習のように繰り返し形を変えて現れてくる課題がある。

　ハヴィガーストは，この発達課題の起源を三つ挙げている。一つは身体的成熟から起こる課題である。歩行の学習や，異性への関心や異性を意識した振る舞い等である。第二は社会的・文化的圧力に起因するものである。人は自分が社会からの新しい要求や期待に直面していることに気づくのである。幼児は話すことを学ぶよう期待されており，児童は割り算を学ぶよう期待されているのである。第三の源は，個人的な動機や抱負である。人格もしくは自我は生得的なものと環境的なものとの相互作用から生まれ，自我が発達するにつれて，それはその後の個人の発達の中で，次第に勢力を占めてくる。3・4歳ですでに個人の自我はその発達課題を明らかにし，それを完成するのに効果を表す。主として個人的な動機や価値から生ずる課題の例は，職業の選択準備，価値の尺度や人生観を形成すること等である。

　このように発達課題は身体的成熟，個人に対する社会的・文化的圧力および個人的な動機や抱負から生じる。多くの場合はこれらの諸要素の相互作用から生ずるものであると述べられている[5]。

　またハヴィガーストは，課題達成のために家庭や学校における教育の必要性と重要性を指摘している。教育の適時性に関して，発達課題の概念が教育に役

表Ⅳ-1　ハヴィガーストの発達課題

乳児期（0―5歳）	1. 歩くことを学ぶ 2. 固定食を食べることを学ぶ 3. 話すことを学ぶ 4. 排泄機能のコントロールを学ぶ 5. 性の相違を知り，性に対する慎みを学ぶ 6. 生理的安定を得ることを学ぶ 7. 社会や事物についての単純な概念を形成する 8. 両親や兄弟姉妹や他人と情緒的に結び付くことを学ぶ 9. 善悪を区別することの学習と良心を発達させる	成人初期（18―30歳）	1. 配偶者を選ぶ 2. 配偶者との生活を学ぶ 3. 家族をもち始める 4. 子どもを育てる 5. 家庭を管理する 6. 職業に就く 7. 市民的責任を負う 8. 適した社会的集団を見つける
児童期（6―12歳）	1. 普通の遊戯に必要な身体的技能を学ぶ 2. 成長する生活体としての自己に対する健全な態度を養う 3. 友達と仲良くすることを学ぶ 4. 適切な性役割を学ぶ 5. 読み・書き・計算の基礎的能力を発達させる 6. 日常生活に必要な概念を発達させる 7. 良心や道徳性および価値判断の尺度を発達させる 8. 人格の独立性を達成する 9. 社会の諸機関や諸集団に対する社会的態度を発達させる	成人中期（31―55歳）	1. 大人としての市民的・社会的責任を達成する 2. 一定の経済的生活水準を築き，それを維持する 3. 10代の子どもが責任ある幸せな大人になるよう援助する 4. 大人の余暇活動を充実する 5. 配偶者と人間としての関係を持つ 6. 中年期の生理的変化を受け入れそれに適応する 7. 年老いた両親に適応する
青年期（13―17歳）	1. 身体の違いや男性または女性としての役割の違いを受け入れる 2. 同年齢の男女と新しい関係を作る 3. 両親や他の大人から情緒的に独立する 4. 経済的に独立する 5. 職業を選択し，準備をする 6. 結婚と家庭生活の準備をする 7. 市民として必要な知識と態度を発達させる 8. 社会的に責任のある行動を求めそれを遂行する 9. 行動の指針としての価値や倫理の体系を学ぶ	熟年後期（56歳―）	1. 肉体的な力と健康の衰退に適応する 2. 退職と収入の減少に適応する 3. 配偶者の死に適応する 4. 同年代の人々と明るい親密な関係を結ぶ 5. 社会的・市民的義務を引き受ける 6. 肉体的に満足のゆく生活を送れるよう準備する

（出所）　Havighurst, Robert J., *Developmental Tasks and Education*, New York : Makay, 1973.

立つ二つの理由を挙げている。その一は，学校における教育目標の発見と設定を助けることである。教育は，個人がその発達を確実に習得するのを援助するために学校を通して社会が努力することに他ならないのである。その二は，教育的努力を払うべき時機を示す点にあるとしている。身体が成熟し，社会が要求し，そして自我が一定の課題を達成しようとする時が，教育の適時(teachable moment)なのである。教育があまり早く行われては，その努力は無駄になる場合もあるが，もし教育の適時に努力を払えば満足すべき成果を得るであろうと教育の適時性が強調されている[6]。

　事実，ハヴィガーストの発達課題は，学校教育におけるカリキュラムや教育方法に示唆を与えると同時に家庭教育や社会教育においても，発達課題をよりうまく達成するために各個人や家庭への援助をする時期やその方法においても活用されてきた。

　これら発達課題は，成人に対しては家庭における子どもの教育の課題とこれからの計画について考えることを可能にし，自らの人生における位置と課題を知り，さらにこれからの人生や生活の在り方について学ぶことを可能にする。

　ハヴィガーストは「生活することは学ぶことであり，成長することも学ぶことである。われわれは歩いたり，話したり，ボールを投げたりすることを学ぶ。また本を読んだり，菓子を焼いたり，同年輩の異性と仲良くすることを学ぶ。さらに仕事をしたり，子供を育てたりすることを学ぶ。老後あまり仕事ができなくなったときは円満に引退したり，40年間もともにくらした夫または妻なしに，一人でくらすことを学ぶ。これはすべて学習の課題である。人間の発達を理解するためには，われわれは学習を理解しなければならない。人間はめいめい生涯学習を続けるのである[7]」と述べている。まさしく人の成長にともなう生涯学習の指摘である。

2　ステージ・セオリー

　エリクソンやハヴィガーストに加え，成人期のパーソナリティーの発達をステージごとに考えたステージ・セオリーの研究者の一人としてグールド

第2章　成長し続ける人間

表Ⅳ-2　グールドの成人期の発達段階

段階	年齢	発　　達
1	16-18	親のコントロールから逃れることを望む。 〈保護を失う不安，独立の不安〉
2	18-22	家族から離れる。友人関係が中心となる。 〈独立的，新しい考えの受容が容易，非抑圧的〉
3	22-28	自己に依存し，仕事や個人生活においてもエネルギッシュに将来を築いていく。 〈自信，希望，子どもへの関心増〉
4	29-34	自分は何をしているか，なぜしているのかと自問する。 〈内省的，結婚観・仕事観低下，両親の問題，生活困難等の苦悩〉
5	35-43	自信を失う感傷的な時。人生が無限から有限になる。 〈自己評価や結婚観の低下，不安定〉
6	43-53	安定を取り戻し，なされたことはなされたこととして，人生を受け入れる。 〈安定，落ち着き，友人，親しい人，子どもに比重増加，お金の重要性低下，人生を変えるのに遅過ぎるという考え〉
7	53-60	より寛容になる。過去を受容する。不安定でなくなる。死の問題が加わる。 〈円熟〉

年齢区分はグールドの研究報告に従っている。

(Roger Gould)を挙げることができる。グールドは，精神分析医であり，独自の立場から人生の成人期の七つのステージと危機を，成人期の発達の中に見いだした。

　グールドは，患者を診察していく中で，心理的な課題や出来事が年齢とかかわりをもつことを発見した。グールドの理論は，彼が同僚とともに行ったグループセラピーの参加者の報告・記録から導き出されている。また，非患者を対象にした研究も進め，患者・非患者の両方とも，同年齢層の者は，それぞれ特有の関心事と課題を抱えていることを明らかにした。1975年に発表された論文では，524人の白人の中流階級の成人男女を対象とした結果であり，人間形成は一生続くことを指摘している。

　グールドは年齢グループで異なる社会観，自己認識等を調べ上げ，ライフステージの心の変化を解明し，成人期を年齢によって7段階に分けている。それによれば，青年期の後も変化は続き，自信と楽観に満ちた20代を通って，自問と内省の30代初期，緊迫の40代初期の後，円熟と自己受容の50代に至るが，50

歳からは死の問題が登場してくる[8]。グールドの研究による各年齢段階の特色を表にすると表Ⅳ-2のようになる[9]。この高齢期に至るまでの道程に様々な問題が生じ，成人はそれらを一つひとつ解決していかなければならないのである。

彼が1978年に著した *Transformation : Growth and Change in Adult Life* (転換——成人期の成長と変化) には，人は子どもの頃からもっていた誤った感情を認識し，それを捨て去り，新しい考えを遂行するすべを見いだしていかねばならないと述べられている。誤っていたと思われる考えを克服することは，困難でもあり，苦痛をともなうが，それらは捨て去られなければならないものであり，継続的に成人期を通して，新しい生き方への挑戦をし続けなければならないというものである[10]。本書第Ⅲ篇第2章の意識変容の学習にも通ずるが，成人には，成長に加え，一旦形成したものを見直す変容が求められるのである。「子どもは肉体の変化によって，年月が過ぎたことを示すのであるが，大人は精神の変化によって示すのである」[11]と彼は成人の変化の過程を強調している。

また，レヴィンソン（Daniel J. Levinson）らは，人間が一生を通じいかに変化していくか，その発達のパターンを発見し，人生の各段階における精神状態から態度，行動に至るまでを詳細に報告している。基本的に成人期は，交互に出現する二つの期間，すなわち比較的安定した人間としての生き方の基盤を形成する構築期間と，それまでの生き方に変化を与え構造的変革を試みる推移期間によって構成されている。まず，構築期は目標に向かって進み，重大な諸決定をなし，それらを中核とした生き方の構造を形作り，その構造をより豊かにすることに勤しむ。こうした期間は通常6年から7年継続する。

また推移期には，前期に構築されたものを評価し直し，自己と社会についての新しい可能性を探求し，新しい生き方に必要な基本的な諸要件の選択に向けて励むのである。この推移期は，一般に4年ないし5年継続する。青年期，成人初期，成人中期，成人後期の各時期の間にある推移期は，ライフサイクルの中でも非常に重大な転換期である。すなわち人間は成人前期推移期，成人中期推移期，および成人後期推移期において，次にやってくる時期を生きるための基礎を創り出すのである。これらの推移期は躍進あるいは停滞の源となること

第2章 成長し続ける人間

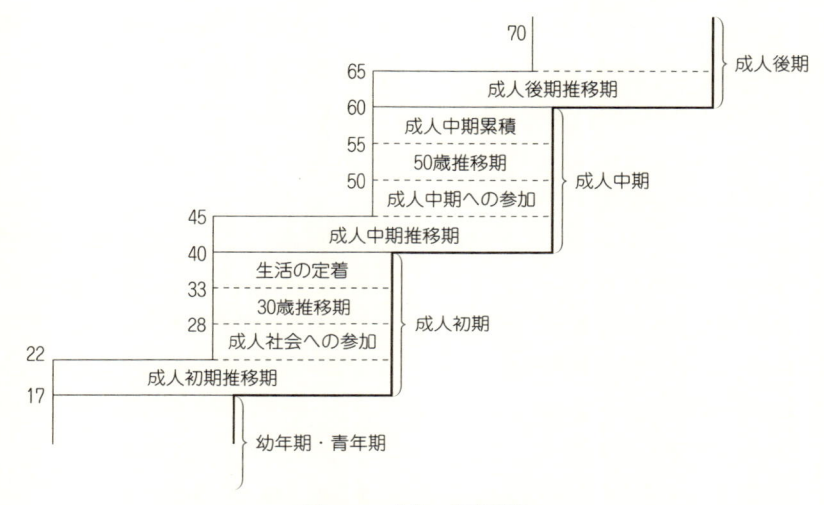

```
                                    70  ┐
                              65 ┌──────┤成人後期
                                 │成人後期推移期
                              60 ├──────┐
                                 │成人中期累積│
                              55 ├──────┤
                                 │50歳推移期│
                              50 ├──────┤成人中期
                                 │成人中期への参加│
                           45 ┌──┴──────┘
                              │成人中期推移期
                           40 ├─────────┐
                              │生活の定着 │
                           33 ├─────────┤
                              │30歳推移期 │
                           28 ├─────────┤成人初期
                              │成人社会への参加│
                    22 ┌──────┴─────────┘
                       │成人初期推移期
                    17 ├────────┐
                              │幼年期・青年期
```

図Ⅳ-1　人生の発達過程

（出所）　Levinson, Daniel J. et al., *The Seasons of a Man's Life*, New York : Alfred A. Knopf Inc., 1978.

によって，個々人の継続的な発展的過程を基本的に特徴づけていくのである[12]（図Ⅳ-1）。

　ヴォントレス（Clemmont E. Vontress）は，成人の成長とそれにともなう教育の必要性を強調している。青少年期に，発達にともなう教育が考慮されるのと同様に，成人期にもその成長に見あった教育があるべきだと主張した。彼は，成人期の成長における要求や期待は，青少年期とは違って，一つひとつはっきり変化するのではなく，いくつもの発達課題は一部で重なり合っていることを指摘している。

　彼は成人期を大きく三つに分け，教育との関係を考察している。

　まず，およそ20歳から35歳の成人初期においては，たいていの人は忙しく活力のある時を過ごす。学校教育を終えている人と，まだ教育の時期を送っている人がいる。この時期の最も特徴的なことは結婚である。時代は変化しても人は結婚相手を探し，周囲の者も若者にそれを期待する。結婚後は，二人は新しい生活を築かなければならない。同時に，職業生活において自己の能力を生か

107

Ⅳ　ライフサイクルと生涯学習

し，安定を確立していかなければならない。仕事と家庭生活のバランスも必要となる。その上，妊娠・出産における肉体的変化，環境の変化を迎える。子育て，家の購入等新しい出来事が連続する。さらに，徐々に肉体的な衰えが目立ち始める。このような変化に対して，成人にも常に知識やその他の援助を与える教育的な支援が必要なのである。

　第二の時期は，およそ35歳から50歳の成人中期である。子どもの独立，結婚に対処しなければならない。また夫婦としても良い関係を築くことが求められる。肉体的な衰えを意識し，老いを拒絶する様々な心理的葛藤が生じる。職場においても，世代間の齟齬等から，様々な心理的抑圧を受けることになる。多くの人たちは，老いを受け入れる過程において，個人的，社会的な問題に直面し，様々な葛藤を抱えることになる。成人教育として，世代間コミュニケーションをスムーズにするカウンセリングをはじめ，様々な援助をもって，この過程を支援しなければならない。

　第三の時期は，65歳からの熟年後期である。収入の減少や小さな家への引っ越し等，生活の縮小が始まる。また，最大の変化として，配偶者の死を迎えなければならない。病気やけが等による身体的不自由が加わる。特に女性は，夫の死による一人暮らしを迎えることになる。また，再婚を含む第二の生活を迎えそれに適応していかなければならない。高齢者に対する教育は，職業にかかわる新しい技術の習得に関するものだけではなく，生きがいとかかわってくるのである[13]。

　ヴォントレスは，「肉体的な衰退はあってもその人が生産的な生き方をしている限り，人格は成長・成熟し続ける」[14]と，一生続く精神の成長・成熟を強調し，生き方を支援する生涯教育の必要性を説いている。

　1976年にステージ・セオリーに革命をもたらしたといわれる *Passage*（航路）[15]を著したシーヒー（Gail Sheehy）は，1995年に *New Passage*（新しい航路）を著した。この長寿時代の成人期を，成人の生活の新しい地図（The New Map of Adult Life）として描いている。シーヒーは，国勢調査局とともに7,880人の男女を対象とした共同調査を行った。また，500人の男女を対象としたインタビューも行っている。大がかりで，かつ綿密な調査の結果，新しい時代の成人

期は長く，アメリカにおいて人々は45歳から85歳プラスという第二の成人期を生きることができるようになったことが明らかになった。それぞれの生き方次第で，その後の人生をよく生きることが可能になった。標準的なライフサイクルに甘んじる必要はなくなり，人びとは自分で自分のライフサイクルを作り出すことができるようになったというのである。[16]

　これらの代表的なステージ・セオリーにみられるように，成長の局面は各説によって異なってはいるが，いずれも人はいくつかの変化の段階を迎え，それらを克服し成長し続けるというものである。また，成人は変容しなければならず，転換期も迎えなければならない。

　長い人生での自分の位置を確認するとともに，そのライフステージに必要とされる学習をしていかなければならない。自己の進歩に合わせた学習を生涯にわたり継続していくこと，すなわち生涯学習によってこそ，長い人生を豊かに過ごしていくことが可能になるのである。

3　ライフ・イヴェントとトランジション

　ライフ・イヴェント (life event) とトランジション (transition) を中心とする理論は人生における出来事を中心に人格の発達や人の成長を考えようというものである。人生における出来事は一部には年齢と結び付きがあるが，ライフ・イヴェント・モデルにおいては年齢との結び付きはあまり考えていない。かつては結婚にも適齢期というものがあり，職業に関しても年齢に左右されることが多かった。したがって人生を各段階に分け，危機を迎える時期も予測することができた。しかし，近年は，長寿化・多様化が進み，人の成長に典型的と呼べるパターンを見いだすことが困難になったのである。したがって，出来事こそが人の成長と学習に深いかかわりがあるというのである。

　バーニス・ニューガートン (Bernice Neugarten) は，ライフ・イヴェントの重要性を指摘した第一人者ともいえる。彼女は，人格の発達はその出来事が起こる社会的な要因や歴史的な要因さらにはその人の個人的要因に大きく影響され，今日では年齢はあまり影響しないと述べている。また彼女は，20世紀の半

Ⅳ　ライフサイクルと生涯学習

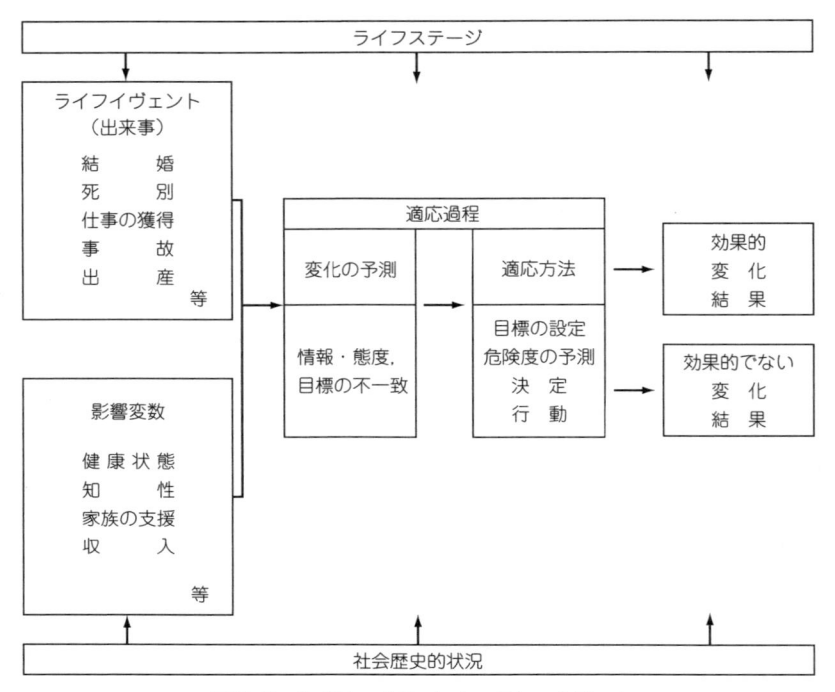

```
                        ライフステージ
          ┌──────────────────────┐
          ↓            ↓            ↓
┌─────────────┐   ┌───────────────────────┐
│ ライフイヴェント │   │      適応過程           │   ┌──────┐
│  （出来事）   │   │┌─────┐ ┌─────┐│   │ 効果的 │
│  結　　婚    │   ││変化の予測│ │適応方法 ││──→│ 変　化 │
│  死　　別    │   │└─────┘ └─────┘│   │ 結　果 │
│  仕事の獲得  │──→│                       │   └──────┘
│  事　　故    │   │┌─────┐ ┌─────┐│   ┌──────┐
│  出　　産    │   ││情報・態度│ │目標の設定││   │効果的でない│
│   等        │   ││目標の不一致││危険度の予測││──→│ 変　化 │
└─────────────┘   ││        │ │決　定  ││   │ 結　果 │
                    ││        │ │行　動  ││   └──────┘
┌─────────────┐   │└─────┘ └─────┘│
│  影響変数    │   └───────────────────────┘
│  健康状態    │
│  知　　性    │
│  家族の支援  │
│  収　　入    │
│    等       │
└─────────────┘
          ↑            ↑            ↑
          └──────────────────────┘
                      社会歴史的状況
```

図Ⅳ-2　ライフ・イヴェント・フレームワーク

（出所）Rybash, John W., Roodin, Paul A. and Santrock, John W., *Adult Development and Aging 2nd ed.*, New York : Wm. C. Brown Publishers, 1985.

ばころから現代にかけて「年相応にふるまえ」というような年齢にあわせた行動自体がなくなってきていることを指摘し，暦年齢は徐々に意味をもたなくなってきていると述べている。

　トランジションとは過渡期，変化の時期，すなわち変遷期である。このトランジションにおける変化は，その克服のために学習を要求するのである。すなわちトランジションは，学習の「引き金」となるのである。成人期に人は何度もこの変遷期を経験しなければならないのである[17]。

　ニューガートンらが唱えるライフ・イヴェント・フレームワークは，ライフステージの中にライフ・イヴェントを組み込んだものである（図Ⅳ-2）。ライフ・イヴェントの中には，結婚や昇進のようなポジティブな出来事も，離婚や

配偶者の死のようなネガティヴな出来事もある。それらは，知性，健康状態等内的なものから影響を受けると同時に，収入や社会的支援等の外的なものからの影響も受ける。さらにそれらの出来事がライフステージのどの位置にあるのか，かつどのような歴史的流れの中で起こるのかということによって，その出来事のもつ意味や人生への影響は異なるのである。

　ステージ・セオリーは人格の発達と人の成長の類似性に焦点を当て人の変化の普遍的な形を見いだそうとしているのに対して，ライフ・イヴェント・モデルは人生の相違点に焦点を当て，個人による違い，すなわち多様性を明らかにしようとしている。また様々な理論を考察した上で人というものの複雑性を強調している。すなわち人は，他の人と共通のものを多くもつと同時に多くの点で異なっている。どの理論に重きを置くにしても，人の複雑性を念頭に置くことが，人の生涯を考える上で重要であるということができる[18]。

　確かに今日では，年齢とかかわりの深い出来事のほか，年齢とかかわりのない出来事も多くなっている。人生は長くなり個人によって，その出来事との遭遇の時期は異なる。しかし，いずれの場合も，人はライフ・イヴェントやトランジションにおいて，学習をしてその変化を克服していき成長していくのである。生涯学習が求められている所以である。

4　職業的発達が求める生涯学習

　近代的な職業指導は1900年初頭から始まったといわれ，パーソンズ（F. Parsons）がその生みの親といわれている。

　パーソンズの特性因子論（マッチング理論）が形成された後，個人の動機や人格に関しての研究が進み，職業選択理論が生まれてくる。1900年代半ばには，「特性因子論」と，動因，欲求，要求等の人間の情動的側面を重視するサイコダイナミクスとを融合した理論といわれる「職業的発達理論」が出現する。

　本章第1節および第2節でみてきたように，この当時から「発達」という概念は，エリクソンやハヴィガーストによって打ちだされている。すなわち人は，一生涯の間，各段階を経て成長していくというのである。

Ⅳ　ライフサイクルと生涯学習

　職業的発達（vocational development）とは，職業に関係した個人の精神の発達を指すということができる。アメリカにおける心理学の発達をバックグラウンドとして，1900年代半ばにその基礎を作った代表者としてスーパー（D. E. Super）とギンズバーグ（E. Ginzberg）を挙げることができる。

　スーパーは職業的発達に関して「職業的発達の過程は本質的に自己概念の発達とその自己概念の現実化である[19]」と述べている。

　スーパーは，職業的発達を以下のように表している。

① 成長段階（誕生から14歳）
　　空想期（4〜10歳），興味期（11〜12歳），能力期（13〜14歳）
② 探索段階（15〜24歳）
　　暫定期（15〜17歳），移行期（18〜21歳），試行期（22〜24歳）
③ 確立段階（25〜44歳）
　　本格的試行期（25〜30歳），安定期（31〜44歳）
④ 維持段階（45〜64歳）
⑤ 下降段階（65歳以上）
　　減速期（65〜70歳），引退期（71歳以上）[20]

　スーパーは職業的発達の中心となる概念として，自己概念を用いている。職業の選択は継続的な発達過程であり，その選択において人は自己概念を実現する方法を選択するのである。すなわち青年期に先立って形成され始めた自己概念は，青年期に明確になり，職業用語に置き換えられるようになるのである。職業選択や職業に就いて生きていくことはパーソナリティーすなわち人格と不可分のものである。また，それらは，段階を経て形成されていくものである。

　心理学の発達によって，職業に就き働くということは，自己すなわち自己概念と深いかかわりがあることが明らかにされてきた。現在，世界の潮流は，職業的発達・キャリア発達を基にしたキャリア教育である。職業的発達は，一生涯続く発達である。

　人が職業に就き，生きていくためには，幼少期からの一連の発達を促すキャ

第2章 成長し続ける人間

リア教育が必要なのである。

　エドガー・シャイン（E. H. Schein）は，心理学者であり，経営学の中でも組織の中の人間行動を扱う学問分野である組織行動論（organizational behavior）の発展に寄与してきた。彼は，スーパーほか1980年代のキャリア発達に関する研究を参考に，キャリアの主要な段階として10の段階を明示している。

　　第1段階は，成長，空想と探索をする。第2段階は，教育と訓練を受ける。第3段階は，仕事生活に入る。第4段階は，基礎訓練を受け，組織になじむ（社会化をくぐる）。第5段階は，一人前の成員として認められる。第6段階は，終身雇用権（テニュア）を獲得し，長く成員でいられるようになる。第7段階は，キャリア半ばの危機に自分を再評価する。第8段階は，勢いを維持する，回復する，あるいはピークを超える。第9段階は，仕事から引き始める。第10段階は，退職する。[21]

　以上のような10の段階を経る中で，各段階の中において人は様々な学習を必要とする。

　退職後も生き方の決定は継続する。退職後の人生が長くなった現在，高齢期の自己概念およびキャリア形成も注視されている。

　人は突然職業を選び職業に就くのではない。退職後をいかに生きるかもすべてつながった一連の発達なのである。それらは，すべて生涯にわたる学習ということができる。

注
1) 岡堂哲雄「人間のライフサイクルと精神の健康」R・I・エヴァンズ，岡堂哲雄・中園正身訳『エリクソンは語る』新曜社，1981年，p. 156-157.
2) 同上書，p. 158.
3) Havighurst, Robert J., *Human Development and Education*, New York: Longmans Green and Co., 1953.
4) R・J・ハヴィガースト，荘司雅子監訳『人間の発達課題と教育』玉川大学出版部，1995年，p. 25.

5) 同上書, p. 27.
6) 同上書, p. 28.
7) 同上書, p. 24.
8) Gould, Roger, "Adult Life Stage Growth Toward Self-Tolerance", *Psychology Today*, Vol. 8, No. 9, 1975, pp. 74-78.
9) *Ibid.*, pp. 74-78.
10) Gould, Roger, *Transformations : Growth and Change in Adult Life*, New York : Simon & Schuster, 1978.
11) Gould, *op. cit.*, 1975, p. 78.
12) Levinson, Daniel J. et al., *The Seasons of a Man's Life*, New York : Alfred A. Knopf Inc., 1978, pp. 317-318.
13) Vontress, Clement E., "Adult Life Style : Implication for Education", *Adult Leadership* 10, 1970, pp. 11-28.
14) *Ibid.*, p. 27.
15) Sheehy, Gail, *Passage*, New York : E. P. Dutton and Co. Inc., 1976.
16) Sheehy, Gail, *New Passage*, New York : Random House Value Publishing, 1995.
17) Rybash, John W., Roodin, Paul A. and Santrock, John W., *Adult Development and Aging 2nd ed.*, New York : Wm. C. Brown Publishers, 1985, pp. 422-425.
18) *Ibid.*, p. 426.
19) Super, D. E., "A Theory of vocational development", *American Psychologist*, VIII, 1953, p. 185.
20) 中西信男「職業的発達理論」日本進路指導学会編『現代進路指導講座 1 進路指導の理論と方法』福村出版, 1982年, p. 103.
21) エドガー・H・シャイン, 金井壽宏訳『キャリア・アンカー——自分の本当の価値を発見しよう』白桃書房, 2003年, p. 13.

第3章
女性のライフサイクルと新しい学習課題

1 国際的潮流とともに変わる学習課題

　女性の人権の確立は，第二次世界大戦後においては，1948（昭和23）年の国際連合の世界人権宣言に始まったということができる。宣言は国に対して拘束力がなく，実質的に効力のあるものにするには規約として採択する必要がある。国が規約を批准した場合は，規約は国内的にも効力をもつことになり，国は規約に反する法律や慣行をただちに改めなければならない。

　国連は1966（昭和41）年に国際人権規約を採択し，日本は1979（昭和54）年に批准をした。規約を批准した国は，発行の日から1年以内に，規約に沿うためにとった措置や，実現状況を国連事務総長に報告しなければならない。すなわち，この規約の批准は日本で男女平等を実現していくための有効な足がかりとなったのである。

　日本が1980（昭和55）年に提出した報告は，翌年人権専門委員会で検討され，賃金，昇進等の雇用の場での女性の地位，女性議員の数等にみられる女性の政策決定への参加状況，国際結婚した女性の子どもの国籍に対する権利等，女性の地位に関して多くの問題があると指摘された。2009（平成21）年には女性差別撤廃委員会から「男女共に婚姻適齢を18歳に設定すること，女性のみに課せられている6ヵ月の再婚禁止期間を廃止すること，及び選択的夫婦別氏制度を採用することを内容とする民法改正のために早急な対策を講じるよう締約国に要請する。さらに，嫡出でない子とその母親に対する民法及び戸籍法の差別的規定を撤廃するよう締約国に要請する」[1]と差別的な法規定に関する指摘要請があった。いまだ多くの法律の改正が進まず，多くの指摘を受けているのが現状である。このように，日本において男女平等を進めることは国際的責務となっ

たのである。

　続いて1967（昭和42）年に女性に対する差別撤廃宣言が出され，1979（昭和54）年に女性差別撤廃条約が採択された。この条約は1981（昭和56）年に20ヵ国の批准を得て発効した。日本は1985（昭和60）年に批准している。すでに1975（昭和50）年には「世界行動計画」が採択されており，「国連女性の10年」（1976～85年）も設けられている。

　その後も，女性の人権の保障と男女平等の実現を目指して，世界的な会議が数多く開かれている。国連を中心とした世界規模の動きと軌を一にしながら，日本においても1977（昭和52）年に「国内行動計画」の策定，1986（昭和61）年に男女雇用機会均等法の施行，翌1987（昭和62）年には「西暦2000年に向けての新国内行動計画」が策定された。1991（平成3）年には「西暦2000年に向けての新国内行動計画（第1次改定）」に基づいて施策が推進された。

　1995（平成7）年には，第4回世界女性会議において，実質的な男女平等と男女共同参画を確立するために「女性のエンパワーメントに関するアジェンダ（指針）」として「北京宣言及び行動綱領」が採択された。人権を獲得した女性のエンパワーメント（empowerment）によって，社会を変革しようというものである。そのために，女性に対する教育・訓練・あらゆる意思決定過程への参加，女性同士およびNGO（非政府組織）の連携・連帯，すなわちネットワークづくりと行動が重要であることが明示された。西暦2000年に向けて取り組むべき優先事項を示し，各国が自国の行動計画を立てることが求められたのである。

　女性のエンパワーメントとは，女性が自らの意識と能力を高め，家庭や地域，職場等の社会のあらゆる場で，政治的，経済的，社会的な力をつけること，またそうした力をもった主体的な存在となり，力を発揮し，行動していくことをいう。社会の対等な構成員として，判断力や企画力，表現力，経済力，技術力，決断力，行動力等様々な力を身につけ，自らの生き方を選択し，あらゆる意思決定過程に参画し，自己実現を図る等，女性自らを変革し，同時に社会をも変えることを含む幅広い概念である。

　多くの女性が，主体的に積極的に社会参画をすることが可能になった今日に

第3章 女性のライフサイクルと新しい学習課題

おいて、どのようにその力をつけていくかは、本書第Ⅰ篇第3章でみてきたように、ナイロビにおいて開かれた第19回ユネスコ総会で採択された「成人教育の発展に関する勧告（Recommendation on the Development of Adult Education)」や、第4回ユネスコ国際成人教育会議の「学習権宣言（The Right to Learn)」、第5回国際成人教育会議の「ハンブルク宣言」等で示されている。各国、各地域にあった方法で、生涯を通した学習を可能にすることが求められているのである。

　日本においては、1996（平成8）年に男女共同参画推進本部によって「男女共同参画2000年プラン」、すなわち男女共同参画社会形成の促進に関する、西暦2000年までの国内行動計画が策定された。

　1997（平成9）年には男女雇用機会均等法が改正され、1999（平成11）年から施行された。また、1999（平成11）年には男女共同参画社会基本法が制定され、2000（平成12）年には、男女共同参画基本計画が、2005（平成17）年には同第2次計画が、2010（平成22）年には同第3次計画が策定された。

　教育に関しては、「男女共同参画2000年プラン」の、「男女共同参画を推進し多様な選択を可能にする教育・学習の充実」の項の中で、①男女平等を推進する教育・学習、②多様な選択を可能にする教育・学習機会の充実が挙げられている。

　施策の基本方針は、男女の固定的な性別役割分担意識を是正し、人権意識に基づいた男女平等観の形成を推進するため、家庭、学校、地域等、社会のあらゆる分野において、男女平等を推進する教育・学習の充実を図ることである。さらに学校教育においては、男女平等の意識を高める教育を推進することや、女子の就職・進路指導に当たっては、教職員等、助言を与えるべき立場にあるものが、男女の役割について固定的な考えにとらわれることのない指導をすることが明記されている。

　しかしながら、実際の教育現場で勤労観・職業観の形成を阻害する教育が行われている。ヒドゥンカリキュラム（隠れたカリキュラム）が多く存在していることは否めない。働く人間はすべて男性という社会科の教科書がある。また、母親またはエプロン姿の女性しか描かれていない国語の教科書もある。さらに、教師が作る職業に関する掲示物の絵に登場するのはすべて男性という場合もあ

Ⅳ ライフサイクルと生涯学習

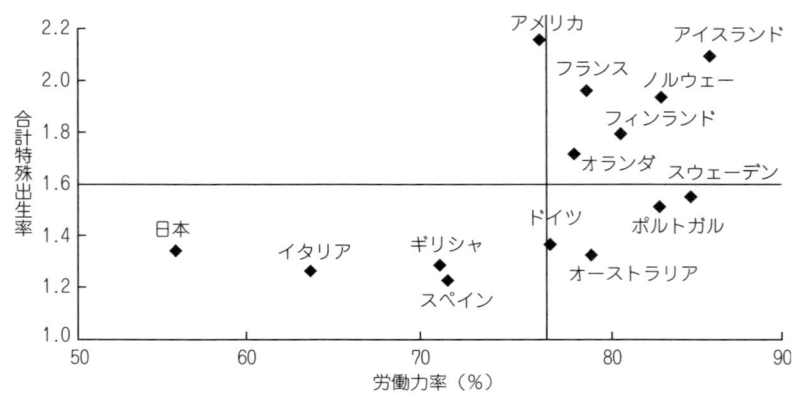

図Ⅳ-3 女性（30～34歳）の労働力率と出生率

（出所）　Council of Europe, "Recent Demographic Developments in Europe 2001", 2002, U. S. DHHS, "National Vital Statistics Report 50-5", 2002, ILO, "Year book of Labor Statistics", 2001.

る。係も固定的性別役割に順じて割り当てる場合もある。教師自身の言動に問題はないか考える必要もある。いわんや家庭教育においては負のキャリア教育すなわち未来を閉ざす教育が実施されている場合が多い。

　日本においては，ワークライフバランスを保ちながら働くロールモデルが女性にも男性にも少ないことが指摘されている。諸外国では，様々な取り組みから，男女共同参画社会創りを進めている。子どもの未来のためにも成人の学習によって負の連鎖を断ち切ることが必要である。

　2010（平成22）年の第3次男女共同参画基本計画においては，一向に男女共同参画社会づくりが進まない状況に鑑み，実行性のあるアクション・プランとするため，数値目標やスケジュールを明確に設定するとともに，達成状況を定期的にフォローアップすると明記されている。また，国内および国外の様々な状況の変化の中で，今日の日本にとっては男女共同参画社会の実現が必要不可欠であることが強調されている。

　世界フォーラムの男女間の格差を示すジェンダーギャップ指数（GGI）における，2012（平成24）年の日本の順位は，134カ国中101位である。「教育」と「健康と生存」のスコアの男女間のギャップはあまりみられないが，「経済活動

第3章　女性のライフサイクルと新しい学習課題

の参加と機会」および「政治への関与」のスコアの男女間のギャップが大きく，先進国の中で最下位の水準となった。女性の能力を生かすことができず，男女の社会参画に大きな開きがあるのが日本の特色といえる。年齢階級別労働力率においても，徐々に上昇しつつあるとはいうものの，30歳代を底とするM字型は解消されていない。女性の労働参加が国家の存亡にかかわるといわれている今日でも，相変わらずヒドゥンカリキュラムにより勤労観・職業観の形成が阻害され続けている。

　女性の労働と少子化を結びつける間違った考えも少なくない。国際労働機関(ILO)の「女性の労働力率と出生率」(図Ⅳ-3)にみられるように，女性の労働力率の高い国は出生率も高い。今日まで，女性の労働力率を高める施策をとってきた国は出生率をさらに高めるという結果が導き出されている。しかしながら日本では逆の政策をとり，出生率が下がり続けた。今日，男女共同参画に向けた施策を取り始めたとはいうものの，科学的な分析に基づく社会づくりを進めるためには，社会の成員すべての学習が求められている。

2　ライフステージごとの新たな学び

　『婦人労働の実情』に掲載された明治38(1905)年生まれと，昭和35(1960)年生まれの女性のモデルのライフサイクルを比較すると，以下のような違いがみられる。

　あくまで平均初婚年の逆算等から設定したモデルではあるが，子育ての時期を長子出産から末子就学までとみると，明治の女性は25.5歳から44.5歳と19年間であり，63.5年間の人生の3分の1を占めている。昭和35年生まれの女性は26.7歳から35.5歳の8.8年間であり，81.8年間の人生の10分の1である。また，明治生まれの女性は44.5歳時の末子就学後，本人死亡の63.5歳まで19年間の人生が残っているに過ぎないが，昭和35年生まれの女性の場合は35.5歳から81.8歳までの46.3年間とまだ人生の半分を生きることになる[2]。

　このように女性の人生はすっかり変わった。寿命は長くなるが，子どもの養育期間は短くなった。この変化は女性の生き方に大きな変化を及ぼしている。

Ⅳ ライフサイクルと生涯学習

　ライフステージごとの女性の学習をみてみると，大きく4期に分けることができる。第1期は，青年期の女性が自立的な生き方を学ぶ時期であるといえる。今日も女性が経済的自立や社会的自立をすることは，旧来の性別役割分業意識が払拭されていない状況において，困難なことである。本篇第2章第4節でみてきたように，職業的発達は幼いころから始まる。青年期に自己概念が明確になり，職業が選択されるのであるから，この時期では遅いということができる。自分の生き方を学ぶためには相当多くの学習が必要であるといえる。

　第2期においては，家庭生活と職業生活の両面から生じる多くの問題の解決のために学習が必要となる。仕事と家事・育児の両立は多くの女性が直面している問題である。家庭における役割分担，家庭生活支援の問題および社会における就労形態等の様々な問題があり，女性のみで解決することはできない。社会の成員全員が取り組まなければならない問題なのである。

　また，今日では母と子が密室保育といわれる閉塞状況に置かれていることや，他の家庭や地域社会とかかわりが希薄な家庭の孤立化が大きな問題となっている。地域の人々とともに育児や自己実現への道を探す学習も求められている。

　第3期を子育てから解放されている時期とすれば，新たな生活の設計のための学習が必要である。女性の年齢別労働力率をグラフで表すとM字型曲線になることが示しているように，日本の女性は子育て期間に仕事を中断した後，再び職業生活に入る場合が多い。この再就職や社会適応には非常に困難をともない，多くの学習を必要とする。

　一方，近年は，結婚・出産・育児とともに職業を継続する女性が増加している。したがって，職業を継続している女性には技術革新や社会変化にともなう職業に関する学習が必要とされている。しかし，全国の女性センター等の生涯学習施設のプログラムに職業にかかわる講座が極端に少ないのが現状である。また，職業をもつ女性を対象にしたプログラムづくりをしていない施設もある。これらの社会のギャップを埋めていくのも現代女性の生涯学習の課題の一つともいえる。地域活動や社会活動，趣味の充実，高齢期への準備等，様々な学習の機会づくりも自らしていかなければならない。また，結婚や出産をしない生き方や，離婚や単身での子育てからも学習課題は多く生じる。今日では，多様

　　　　　　　　　　　　　　　第3章　女性のライフサイクルと新しい学習課題

な生き方から多様な学習ニーズが生じている。
　第4期は，寿命の延びによって生じた高齢期をいかに充実して生きるかが課題となる。個人の健康維持や生活の充実だけでなく，高齢社会の中での高齢者の役割も学習しなければならない。
　まさに女性は，ライフステージごとに多くの学習を必要としているといえる。また，女性個人の生涯学習だけではなく，男女共同参画社会づくりを目指し，男性も含めた社会の成員すべての生涯学習が必要とされている。

　注
　1)　国連女子差別撤廃委員会「女子差別撤廃委員会の最終見解」内閣府男女共同参画局編『平成22年版 男女共同参画白書』中和印刷，2010年，p. 178.
　2)　労働省婦人局編『平成2年版 婦人労働の実情』大蔵省印刷局，1990年，p. 44.

Ⅳ　ライフサイクルと生涯学習

第4章
高齢期の学習

1　高齢者の学習能力

　戦後初めて簡易生命表が作られた1947（昭和22）年の平均寿命は，男50.06歳，女53.96歳であった。今日では，男79.64歳，女86.39歳（厚生労働省，2010年簡易生命表）と，約30年間も人生が長くなっている。一般に65歳以上の割合（高齢化率）が7％を超えた社会を高齢化社会，14％を超えた社会を高齢社会と呼ぶ。日本の高齢化は23.0％（国勢調査，2010年現在）に達し，21％を超えた社会を指す超高齢社会となっている。2020（平成32）年には29.1％，2030（平成42）年には31.6％と，増加の一途を辿っている（国立社会保障・人口問題研究所，2012年1月推計）。この人口の高齢化速度を国際比較すると，高齢化率が7％から14％になるのに欧米諸国が50年から100年の年月を要しているにもかかわらず，日本はたった24年と世界的に例をみない短期間に人口の高齢化が進んでいるという特徴がある（表Ⅳ-3）。この超高齢社会にあって，多くの高齢者および高齢者になる人間が，高齢期および高齢者に対する理解を深めることは，各人が有意義な人生を送るために，また高齢者とともによりよい社会生活を送る上でも重要なことである。

　近年の心理学の発達により高齢者も当然のことながら学習能力があることが明らかになった。しかし，これまでは一般に高齢者は学習できないと思われていた。それを端的に表すアメリカのことわざとして"You can't teach an old dog new tricks.（年とった犬に新しい芸を教えることはできない）"というものがある。日本でも「年寄りの冷や水」ということわざがある。老人が年齢をわきまえず，危ないことをしたり，出過ぎた振る舞いをすることを揶揄した言葉である。新しいことに挑戦することを警告する意味もある。しかし，今日で

表Ⅳ-3　人口高齢化速度の国際比較

国	老年人口割合の到達年次		所要年数
	7％	14％	
アメリカ合衆国	1942	2014	72
ドイツ	1932	1972	40
スウェーデン	1887	1972	85
イギリス	1929	1976	47
イタリア	1931	1990	59
フランス	1864	1991	127
オーストラリア	1936	2015	77
日　本	1970	1994	24

（出所）　岡崎陽一・山口喜一監修，エイジング総合研究センター編著
　　　　『高齢社会の基礎知識』中央法規出版，1998年．

は高齢者に馴染みにくい言葉となった。そもそも"年寄り"や"高齢者"という言葉自体が，一定の年齢に限定することが難しくなった。

　加齢と知能に関する研究の変遷については，本篇第1章第1節で記したとおりである。最近の加齢と学習能力に関する様々な研究を総合して，メリアム（Sharan B. Merriam）とカファレラ（Rosemary S. Caffarella）は次のように述べている。「成人は，年をとってもその知的能力を保持しつづけるのかどうかについては，まだ明確な答えは出ていない。年齢と知能に関する議論の四つのキーファクターは，年齢と加齢（aging）の定義，知能の定義，知能測定に用いられるテストのタイプおよび知能の研究方法とそこに秘む問題点の四つである。概ね合意されているのは次のような点といえる。ほとんどの人は，80歳代か90歳代までは知能の顕著な低下は起こらない，また，それも，すべての能力において，あるいはすべての人におこるというのではない。さらにまた，高齢期における知能の低下のリスクを軽減する要因が，いくつも明らかにされている。たとえば，良好な環境で生活することや，活動に深くかかわり続けること等である」[1]。

　総合的な知能は知能の様々な側面の相互作用によって成り立っている。学習能力の維持と学習への挑戦は，高齢者本人の生き方と社会の在り方に深くかかわっているということができる。

Ⅳ　ライフサイクルと生涯学習

2　高齢者の学習課題と学習機会

（1）高齢者の自立と援助

　寿命の延びにより，ライフサイクルは大きく変わった。1935年（昭和10）年と1997（平成7）年の家族のライフサイクルを比較すると以下のようになる。1935（昭和10）年は子どもの数を5人として，結婚（夫26歳・妻23歳）してから15年間が出産期間であり，末子出生（夫41歳・妻38歳）から，末子小学校卒業時（夫53歳・妻50歳）までの27年間の養育期間の後，10年で夫（60歳）は死亡し，その5年後に妻（65歳）が死亡する。

　1995（平成7）年においては，子どもの数を2人として，結婚（夫29歳・妻26歳）してから，出産期間は5年であり，末子出生（夫34歳・妻31歳）から末子が高等学校卒業（夫52歳・妻49歳）までの23年間の養育期間の後，25年の後に夫は死亡する（77歳）。その10年後に妻（84歳）が死亡する[2]。

　今日，人々は上記よりさらに多くの時間をもつこととなった。高齢期を生きることの問題も生じている。固定的性別役割分業意識のもとに職業にのみ専念し，日常生活においては，基本的な身辺処理さえできない生活的自立力を欠いている男性高齢者の問題が出現している。女性高齢者も経済的自立や社会的自立の問題を抱えている。寿命の延長によって，克服すべき自立という困難な課題が生じているのである。

　また，ニューガートン（Bernice Neugarten）が指摘するように，75歳以上のオールド・オールド（old-old）と比べると74歳までのヤング・オールド（young-old）と呼ばれる高齢者は，健康および社会的活動能力に差異が生じている。高齢者と一口に言ってもその在り様は年々変化していることおよび個人差を考慮する必要がある。健康で活動可能な高齢者は，学習によって，生活的自立，社会的自立，経済的自立と自立への可能性を十分にもち，その学習機会を必要としている。

　後期高齢者においては，加齢にともなう自立への障壁の克服という学習課題も加わる。自立がただ単に自分一人ですべてをこなすことを意味するならば，

高齢者によっては肉体的自立が困難になる場合もある。しかし，人間的自立という観点からみれば，加齢にともなう変化を掌握した上で，自分にできることは自分でし，減退があれば最も相応しい援助を得てその減退に適応していくことによって克服は可能であるということができる。すなわち高齢者の自立には，変化に適応して，自分の中に規範を打ち立て，自分の規範に従う，自律を目指した生き方の学習が必要とされている。

　介護を必要とする高齢者にとっても自立は同様に重要な課題である。ペスタロッチ（J. H. Pestalozzi）が「自助への援助」としての教育を説いたように，個人の成長には，すなわち自助や自立のためには手助けが必要となる。介護の必要な人への援助は，加齢による衰退を否定的にみるのではなく，衰退があっても残存能力の成長と他からの援助によって，人間の自己決定を尊重し，自立した人間として生きていくことを可能にしようとするものでなければならない。すなわち，自立への援助によって，他と代えることのできないかけがえのない個人の命を尊び，個人を尊重することである。人間が自立を図るためには，必ず相応しい援助が必要である。高齢者の自立を考える場合は，教育を含めた援助を，ともに生きていく人間および社会が提供していくことを忘れてはならない。加齢により個人は肉体的・精神的に変化する。しかしまたその生活は，その個人が帰属する社会や文化と深いかかわりがあるのである。

　生物学，心理学，社会学の分野から，総合的に加齢を研究する老年学すなわちジェロントロジー（Gerontology）の研究が進められている。ソーシャル・ジェロントロジー（Social Gerontology）においては，役割理論（Role Theory），アクティビティー理論（Activity Theory），解放理論（Disengagement Theory），継続理論（Continuity Theory），年齢・階層理論（Age Stratification Theory）等々，加齢および社会のあり方に関する研究が進められている。今日では高齢者は中年期の活動を継続し，活動的であることを良しとするアクティビティー理論が中心となっている。しかし個人のパーソナリティーを重視した場合，その行き過ぎも指摘されている[3]。社会・文化的な影響および個人差に注目した研究が進められている。

Ⅳ　ライフサイクルと生涯学習

（2）高齢期の学習内容

　高齢者は学習能力があり，成長し続けることが可能である。加齢がもたらす変化，自己のライフステージの変化，および社会の変化に対して，高齢者の学習ニーズは増大し，その種類は数限りない。

　すでに本篇第2章第1節に記述したとおり，ハヴィガーストは，人の一生の発達課題の中の高齢期（65歳以上）の課題を挙げている。近年はこれらに加え，技術革新に遅れをとらないための知識や技術の補充，第二，第三の仕事に就くための学習が必要になってきている。

　今日高齢者教育は盛んに行われており，その内容は，①健康維持に関するもの，②生きがいや生き方に関するもの，③趣味に関するもの，④社会情勢や社会の制度等の理解に関するもの，⑤レクリエーションや旅行等を含めた仲間づくりに関するもの，⑥ボランティア活動に関するもの，⑦家庭や若い世代との人間関係に関するもの，⑧その他住まいの工夫やデジタル・ディバイス活用等生活一般に関するものがある。国際化や情報化にともなって高齢者の学習ニーズも増加の一途を辿っており，職業に関するものを含めて，ニーズを満たすことのできる学習内容が適切な方法で提供されることが求められている。

　ヒームストラ（Roger Hiemstra）は学習プログラムを手段型活動と表現型活動に二分し，高齢者がどちらを好むかを調べた。手段型活動に分類されるものは，老年期に起こる問題を解決改善する能力を養うものであり，学習時の行為そのものが目的ではなく，後にその成果を得ようとするものである。「加齢と栄養」，「遺言と財産管理」，「写真の撮り方」のような講座である。表現型活動に属するものは興味を満たし，楽しみを増すためのもので，学習時の行為そのものが目的となっている。「歴史散歩」，「文学入門」，「世界の絵画」等の講座である。調査の結果，高齢者は表現型に比べ，手段型活動を格段に好むということが明らかになった。しかしアメリカにおいても日本においても，高齢者に対しては一般に表現型のプログラムが多い。筆者の研究では，高齢者が参画して作った小グループの講座は手段型が多く，多数の参加を目的とする大規模な講座は表現型が多いという結果も出ている。[4] ただ単に学習の機会を作るのではなく，その内容は学習者のニーズを満たすものでなければならない。

第4章 高齢期の学習

　今日では，デジタル・ディバイスを活用した高齢者の学習が盛んになってきている。各地のシニア・ネットや，高齢者を対象に指導をするNPO等の活躍がみられる。デジタル・ディバイスの活用により，グローバルな課題への対応，世界の高齢者と結びついた活動等，内容，形態，方法にわたり，新しい展開がみられている。高齢者の学習のさらなる充実への期待は大きい。

（3）学習機会の提供

　1982（昭和57）年，国連の「第1回高齢者問題世界会議」において「高齢者問題国際行動計画」が採択された。この行動計画は，「基本的人権として，高齢者も差別されることなく，教育を受けられるようにすべきである。教育政策は，資源の適正な配分と適切な教育プログラムの中で，高齢者も教育を受けるという権利を有するという原則を映したものでなければならない。高齢者があらゆる教育に平等に参加し，またその恩恵を受けられるようにするため，教育方法を高齢者の能力に応じたものにするよう配慮しなければならない。一貫した成人教育の必要性をあらゆるレベルで認識し，強調すべきである。高齢者の大学教育についても考慮すべきである」と述べ，高齢者の学習の権利を強調している。

　また1991（平成3）年には「高齢者のための国連原則（United Nations Principles for Older Persons）」が採択され，政策や実際の計画・活動において原則の具体化が進められている。

　1999（平成11）年は国際高齢者年（International Year of Older Persons）と設定された。国際高齢者年のテーマは「すべての世代のための社会をめざして（Towards a Society for All Ages）」である。これは，高齢者問題が他世代や社会の様々の分野とかかわりがあることから設定されたものである。

　「高齢者のための国連原則」には，高齢者の自立，参加，ケア，自己実現，尊厳の五つの項目が挙げられている。いずれも高齢者の学習および他世代の学習によって成し遂げていかなければならない課題である。

　2002（平成14）年の「第2回高齢者問題世界会議」では，「高齢者と開発」「高齢に到るまでの健康と福祉の増進」，「望ましい，支援できる環境の整備」

という三つの優先すべき領域で行動を取るという「高齢化に関するマドリッド国際行動計画」が採択された。同時に高齢者を開発の主体および受益者の両方として扱うことが強く指摘された。高齢者の主体的な学習は，社会全体の向上に結び付くのである。

注
1) Merriam, Sharan B. and Caffarella, Rosemary S., *Learning in Adulthood: A Comprehensive Guide 2nd ed,*, San Francisco: Jossey-Bass, 1998, p. 71.
2) 岡崎陽一・山口喜一監修，エイジング総合研究センター編『高齢化社会の基礎知識』中央法規出版，1998年，p. 30.
3) Hooyman, Nancy R. and Kiyak, H. Asuman, *Social Gerontology 9th edition*, New Jersey: Prentice Hall, 2010, pp. 312-333.
4) 西岡正子「高齢者の学習ニーズと学習方法」『関西教育学会紀要』第19号，1995年．

V　日本における生涯学習の展開

第1章
新しい生き方と社会の創造

1　生涯学習という新しい概念

　教育に対する考えや，教育の役割，またその制度は，時代や社会の変化とともに様々な様相を呈してきた。この長い歴史の中で展開されてきた教育は，第一次の教育改革と呼ばれる1872（明治5）年の学制公布によって，さらに大きく変わることとなった。この時導入された近代教育制度は，国家の発展と産業振興を目指し近代化を推し進めるべく，明治，大正，昭和を通じて様々な変化を見せながら展開されてきた。次の大きな改革は，第二の教育改革と呼ばれる戦後教育改革である。この教育改革においては，それまでの極端な国家主義を排して，機会均等，人格の完成，個性の尊重を基に，民主主義，自由・平等の理念の確立が進められた。

　しかしその後，制度の画一性，硬直性，閉鎖性，非国際性による様々な弊害が現れるとともに，技術革新，国際化，長寿化，成熟化等々の変化にともなう新しい教育制度が求められるようになってきた。すなわち第三の教育改革が必要となり，21世紀に向けての教育の在り方が問われることとなったのである。この教育改革にあっては，「生涯教育・学習の創造」が目指すべき目標の一つとなっている。長い歴史の中で初めて生涯教育制度の確立と生涯学習体系の構築に向かうことができるようになったのである。人間が成長し続けるということが認識され，その成長を生涯にわたって保障する教育という概念が受け入れられるようになったのである。

　日本においては古くから教育を重んじる風潮があり，成人に対する教育も様々な形で展開されていた。国民教化的な社会教育から，大正デモクラシーに裏打ちされた社会教育，軍国主義の国家体制強化の手段としての社会教育を経

た後，国民主体の社会教育となった。主権在民の日本国憲法や教育基本法の精神に則り，1949（昭和24）年には社会教育法が制定された。ここに社会教育は国民の自主的な学習活動となり，国および地方公共団体の任務は「社会教育の奨励に必要な施設の設置及び運営，集会の開催，資料の作製，頒布その他の方法により，すべての国民があらゆる機会，あらゆる場所を利用して，自ら実際生活に即する文化的教養を高め得るような環境を醸成するように努めなければならない」（第3条）となったのである。団体中心の教化教育から施設中心の個人主体の教育へと変貌を遂げたのである。

1965（昭和40）年12月，ユネスコは第3回成人教育推進国際委員会をパリで開催した。その6年後，日本では1971（昭和46）年に社会教育審議会答申『急激な社会構造の変化に対処する社会教育のあり方について』が出された。答申は人口構造の変化，家庭生活の変化，都市化，高学歴化，工業化・情報化，国際化等の社会の様々な変化に対処するため，また各人の個性や能力を最大限に発揮するためにも，生涯教育の観点に立って，教育全体のあり方を検討していく必要があると指摘している。また「生涯教育という考え方は，生涯にわたる学習の継続を意味するだけでなく，家庭教育，学校教育，社会教育の三者を有機的に統合することをも要求している」と述べている。社会教育を国民生活のあらゆる機会と場所において行われる各種の学習を教育的に高める活動の総称とみなし，生涯の各時期における教育の課題を説いている。

同年には中央教育審議会答申『今後における学校教育の総合的な拡充整備のための基本的政策について』が出され，生涯教育の概念が導入されていった。以来生涯教育に関する種々の調査が行われ，各種委員会においてその展開への検討が始められた。

さらに1981（昭和56）年の中央教育審議会答申『生涯教育について』では，生涯教育を急激な社会条件の変化に起因する社会的要請ととらえるのではなく，「生涯教育とは国民一人一人が充実した人生を送ることを目指して生涯にわたって行う学習を助けるために，教育制度全体がその上に打ち立てられるべき基本的な理念である」とその理念を謳うに至っている。また第1章の「我が国における生涯教育の意義」の中で「今日，変化の激しい社会にあって，人々は

自己の充実・啓発や生活の向上のため，適切かつ豊かな学習の機会を求めている。これらの学習は各人が自発的意思に基づいて行うことを基本とするものであり，必要に応じ，自己に適した手段・方法は，これを自ら選んで，生涯を通じて行うものである。その意味では，これを生涯学習と呼ぶのがふさわしい」と生涯学習を定義している。

このように生涯にわたる学習を広くとらえ，本答申では，乳幼児期から高齢期に至る人生の各時期を，成人するまで，成人期および高齢期の三つに分け，各時期に沿った教育的課題を明らかにし，それぞれに対応する教育機能の役割を指摘するとともに，家庭教育，学校教育，社会教育における種々の教育機能に着目し，それらの総合的な整備，充実を掲げている。

2　生涯学習体系への移行を目指して

その後，臨時教育審議会は，1984（昭和59）年から1987（昭和62）年の間に4次にわたり答申を出し，その改革の基本的考えの一つに生涯学習体系への移行を掲げた。最終答申では生涯学習体制の整備として「これからの学習は，学校教育の基盤の上に各人の自発的意思に基づき，必要に応じて，自己に適した手段・方法を自らの責任において自由に選択し，生涯を通じて行われるべきものである。／生涯学習体系への移行を目指し，従来の学校教育に偏っていた状況を改め，人生の各段階の要請にこたえ，新たな観点から，家庭，学校，地域などの社会の各分野の広範な教育・学習の体制や機会を総合的に整備する必要がある」とし，

1　学歴社会の弊害の是正と評価の多元化
    (1)学歴社会の弊害の是正，(2)評価の多元化，(3)企業・官公庁の採用等の改善
2　家庭・学校・社会の諸機能の活性化と連携
    (1)家庭の教育力の回復，(2)生涯学習のための機関としての学校教育の役割，(3)社会の教育諸機能の活性化

3　スポーツの振興
　　(1)生涯スポーツの振興，(2)競技スポーツの向上，(3)スポーツ医・科学の研究の推進とスポーツ基盤の整備
　4　生涯学習の基盤整備
　　(1)生涯学習を進めるまちづくり，(2)教育・研究・文化・スポーツ施設のインテリジェント化

を提言している。

　この後の文教政策は，生涯学習体系構築に向けて進められていく。1988（昭和63）年には文部省に生涯学習局ができ，生涯学習振興課が新設された。また体育局には生涯スポーツ課が設置された。1989（平成元）年には第1回生涯学習フェスティバルが開催され，国民の生涯学習への気運を高めていった。

　生涯学習の基盤整備については1990（平成2）年に中央教育審議会答申が出され，「生涯学習は，生活の向上，職業上の能力の向上や，自己の充実を目指し，各人が自発的意思に基づいて行うことを基本とするもの」であり，「必要に応じ，可能な限り自己に適した手段及び方法を自ら選びながら生涯を通じて行うものであること」とした。また生涯学習は，「学校や社会の中で意図的，組織的な学習活動として行われるだけでなく，人々のスポーツ活動，文化活動，趣味，レクリエーション活動，ボランティア活動などの中でも行われる」とし，幅広く生涯学習を推進しようとした。今後，生涯学習を総合的に推進するために，国においては当時の文部省と関係省庁と諸施策の連絡調整に必要な組織をつくること，都道府県・市区町村においても同種の組織をつくること等が盛り込まれた。さらに「生涯学習センター」の設置も検討された。「生涯学習を振興するに際して国や地方公共団体に期待される役割は，人々の学習が円滑に行われるよう，生涯学習の基盤を整備して人々の生涯学習を支援していくことである」としている。

　同年には「生涯学習の振興のための施策の推進体制等の整備に関する法律」が公布され，文部省には生涯学習審議会が発足した。この後，都道府県にも生涯学習に関する重要事項を審議する生涯学習審議会が設置されるようになった。

Ⅴ　日本における生涯学習の展開

　1992（平成4）年に国の生涯学習審議会は，『今後の社会の動向に対応した生涯学習の振興方策について』を答申した。これは，同審議会初の本格答申で，各省庁や地方の行政施策を視野に入れて提言しているほか，家庭，学校，企業等幅広い層に呼びかけている。

　答申は基本的な考え方として，今後人々が生涯のいつでも，自由に学習機会を選択して学ぶことができ，その成果が適切に評価される生涯学習社会を目指すべきであること，そのためには，社会の様々な教育・学習システムを総合的にとらえ，それらの連携を強化し，人々の学習の選択の自由を拡大し，学習活動を支援していくことが重要であることを示した。また，21世紀に向けて生涯学習社会を築いていくためには，「(1)人々が生涯にわたって学習に取り組むというライフスタイルを確立することが重要である。(2)人々の様々な潜在的学習需要を顕在化し，具体的な学習行動にまで高める必要がある。(3)学校その他の教育機関等と密接な連携を図り，専門的な学習需要にこたえる必要がある。(4)学校の成果を職場，地域や社会において生かすことのできる機会や場を確保する必要がある」と，四つの重要事項を挙げている。さらに，当面重点的に充実・振興方策を考えるべき課題として，①社会人を対象とした体系的・継続的なリカレント教育の推進，②一人ひとりの学習の成果を生かしたボランティア活動の推進，③青少年の学校外活動の充実，④時代の要請に即応した現代的課題に関する学習機会の充実を挙げている。

　生涯学習政策は，当時の文部省だけではなく労働省の職業能力の開発に代表されるように，厚生省，農林省，建設省，通産省等の各省庁で取り組まれるようになり，都道府県においても生涯学習の振興を所管する部署が設置され，各都道府県の生涯学習審議会を中心に生涯学習推進機構づくりが進められるようになった。市町村レベルでも都道府県同様の施策のもとに生涯学習支援が展開され，生涯学習都市宣言をする市町村も増加するとともに生涯学習センターも充実してきた。また，これら生涯学習支援を展開するにあたって民間の教育機関との連携も強められるようになった。

　1996（平成8）年に，生涯学習審議会は『地域における生涯学習機会の充実方策について』を答申した。この中で，これまでの答申を踏まえ，国・地域を

通じて生涯学習振興のための関連施策が積極的に展開され，かなりの進展を見るに至ったとし，当面の課題は，このように高まりつつある学習意欲に応える学習機会をいかに拡大するかということであるとしている。生涯学習を提供している機関・施設を，大学をはじめとする高等教育機関，小・中・高等学校等初等中等教育の諸学校，社会教育・文化・スポーツ施設，各省庁や企業の研究・研修のための施設の四つに分け，「社会に開かれた高等教育機関」，「地域社会に根ざした小・中・高等学校」，「地域住民のニーズにこたえる社会教育・文化・スポーツ施設」および「生涯学習に貢献する研究・研修施設」について論じている。具体的には，大学がボランティア等社会体験のために休学制度を積極的に活用すること，社会人を学校教育に積極的に登録すること，各施設は学校教育と社会施設の枠を越えた「学社融合」の考え方に立って取り組むこと等を提言している。

　1999（平成11）年の『学習の成果を幅広く生かす―生涯学習の成果を生かすための方策について―』（生涯学習審議会答申）では学習機会の充実のみならず，学習の成果の種々の活用を提言している。真の生涯学習社会を実現するためには，その成果が正しく生かされることが求められることとなった。

3　一人ひとりの学びが築く社会

　生涯学習という言葉が使われて久しくなったが，その言葉と理念が教育基本法に書き込まれる時代がやってきた。すなわち，中央教育審議会答申『新しい時代にふさわしい教育基本法と教育振興基本計画の在り方について』（2003〔平成15〕年）の「教育基本法改正の必要性と改正の視点」において，「生涯学習社会の実現」が取り上げられた。「時代や社会が大きく変化していく中で，国民の誰もが生涯のいつでも，どこでも，自由に学習機会を選択して学ぶことができ，その成果が適切に評価されるような社会を実現することが重要であり，このことを踏まえて生涯学習の理念を明確にする」と述べられている。

　教育基本法は2006（平成18）年に改正された。「国民一人一人が，自己の人格を磨き，豊かな人生を送ることができるよう，その生涯にわたって，あらゆる

機会に，あらゆる場所において学習することができ，その成果を適切に生かすことのできる社会の実現が図られなければならない」と，第三条「生涯学習の理念」が新設された。

中央教育審議会答申『新しい時代を切り拓く生涯学習の振興方策について～知の循環型社会の構築を目指して～』が2008（平成20）年に出された。「生涯学習の振興の要請—高まる必要性と重要性」の項において，職業能力に関して，「職業生活に必要な知識・情報・技術等を習得・更新」が求められ，それが社会全体の活性化，国の持続的発展に資するものであるとして，「生涯学習社会の実現の必要性・重要性がますます高まっているといえる」と述べられている。また，総合的な「知」が求められる時代であるとして，「狭義の知識や技能のみならず，自ら課題を見つける考え方，柔軟な思考力，身に付けた知識や技能を活用して複雑な課題を解決する力及び他者との関係を築く力等，豊かな人間性を含む総合的な「知」が必要となる」と述べられている。さらに，地球規模の課題の深刻化の中，世界的にも「持続可能な社会」の構築が求められているとして，「循環型社会」への転換が迫られている。そのためには，タイトルにもある「知の循環型社会」の構築が必要であると述べられている。

また，「目指すべき施策の方向性」の項においては，「(1) 国民一人一人の生涯を通じた学習の支援—国民の「学ぶ意欲」を支える，①今後必要とされる力を身に付けるための学習機会の在り方についての検討，②多様な学習機会の提供及び再チャレンジが可能な環境の整備，③学習成果の評価の社会的通用性の向上，(2) 社会全体の教育力の向上—学校・家庭・地域が連携するための仕組みづくり，①社会全体の教育力向上の必要性，②地域社会全体での目標の共有化，③連携・ネットワークと行政機能に着目した新たな行政の展開」を挙げ，個人の成長と，より良き社会の創造を描いている。

2013（平成25）年に出された中央教育審議会答申『第2期教育振興基本計画について』には「今正に我が国に求められているもの，それは，「自立・協働・創造に向けた一人一人の主体的な学び」である」，「教育こそが，人々の多様な個性・能力を開花させ人生を豊かにするとともに，社会全体の今後一層の発展を実現する基盤である。特に，今後も進展が予想される少子化・高齢化を

踏まえ，一人一人が生涯にわたって能動的に学び続け，必要とする様々な力を養い，その成果を社会に生かしていくことが可能な生涯学習社会を目指していく必要がある。これこそが，我が国が直面する危機を回避させるものである」と述べられている。

　このように生涯学習が人々に理解され，社会に受け入れられ，形を成し，新しい人々の生き方と新しい社会の創造が進められつつある。もとより，この生き方と社会を創造するのは我々自身である。一人ひとりの学びが新しい社会を築くのである。

第2章
生涯学習時代の家庭教育

1 変わりゆく社会と家庭教育

(1) 少子化の中の家族

　子どもが生まれ育つ環境は，社会の変化とともに変わってきた。現代の子どもをめぐる環境の変化として，第一に取り上げられているのが「核家族化」である。核家族世帯とは，夫婦だけ，あるいは夫婦と子ども，ひとり親とその子どものいずれかから成る世帯をいう。しかし，1975（昭和50）年に核家族が普通世帯に占める割合は63.9％であり，1990（平成2）年には58.7％と低下を続けている。1995（平成7）年は58.5％，2000（平成12）年は58.4％と変わらず，2005（平成17）年は57.7％，2010（平成22）年は56.4％となっている。核家族化はごく最近の現象ではなく，1920（大正9）年の国勢調査を基にした推計で，当時すでに55.3％を占めていた。

　近年，核家族世帯の割合の伸びが少ないのは，出生率の低下にともない，同居する長子以外の第2子や第3子が新しく作る核家族が減少したからであると考えられる。核家族が多いか少ないか，何を基準とするかは別だが，最近の現象のすべてに，急激な核家族化がもたらす等という修飾語は適当でない。

　1995（平成7）年から2010（平成22）年の核家族世帯の減少は2.1ポイントあるが，単身世帯の増加は6.8ポイントであり，2010（平成22）年の家族類型では単独世帯32.4％，夫婦のみの世帯19.8％，夫婦と子どもから成る世帯27.9％，ひとり親と子どもから成る世帯8.7％，その他の世帯11.1％と単独世帯が最も多くなっている（国勢調査）。したがって，核家族化ではなく家族規模の縮小という表現が相応しいといえる。

　同居していても世代間のコミュニケーションがとれていない場合がある。ま

た同居していなくても，近隣に住み密接なかかわりをもつ場合，また遠方に住んでいても通信・交通の利用によって深いかかわりをもつ場合もある。さらには今日のデジタル・ディバイスの活用により時間的にも距離的にも新たな接し方が加わった。車の運転をして孫の所に来る祖父母は珍しくない。方法はともあれ肝心なのは接触があるかないかということである。

　事実を直視し，新しい変化を考慮してこそ，より良い未来を拓くことができるのである。現代社会の枕詞となっている核家族化ということばに振り回されることなく，家庭教育に親世代，子世代，孫世代の有効な相互作用を組み入れることが重要なのである。さらには，血縁関係のない人々のかかわりや世代間の交流促進も重要な要素として考慮することが求められている。

　また最近大きく取り上げられているのは「少子化」の問題である。1992（平成4）年度版の『国民生活白書』の課題は「少子社会の到来，その影響と対応」であった。一人の女性が一生の内に産む子どもの数を概念上計算した値である「合計特殊出生率」は，厚生労働省「人口動態統計」によれば，日本では70年代から減少傾向を示し，1989（平成元）年には1.57となり「1.57ショック」といわれ社会的関心を集めた。その後も出生率は下がり続け1995（平成7）年には1.42となり，2005（平成17）年には1.26を記録した。その後は微増し，2012（平成24）年は1.41となっている。また，子どもの数（15歳未満人口）は31年間減少し続け，2012（平成24）年は1,664万人と過去最低となった。

　日本においては，子どもの数が著しく減少し，死亡率の低下によって寿命が大幅に伸びたことで，少子高齢社会となり家族のライフサイクルは大きな変化を見せている。このことが子どもや夫婦，さらに高齢者という家族の成員に大きな影響を与えることになった。また，急速に変化する実態に対して，従来通りの固定化された考えが主流を占める社会は厳然と存在する。戦後の民法は，明治憲法の「家」単位から「個人」の尊厳に価値をおいて改正がされたとはいえ，旧来の家族制度の残影もあり，離婚手続きと出生届の期間の問題から生じる無国籍児の増加や，強制執行手続きの不備から養育費を十分に受け取ることができない一人親家庭の貧困等，家族の中にその皺寄せが生じている。

　子どもの数の減少は子ども同士がふれあう機会を減少させ，子ども同士の関

係を希薄にさせている。さらに一夫婦の子どもの数の減少は親の出産期間の短縮化の影響ともあいまって親の過保護や過干渉を生み出しやすくなった。教育に長い年月がかかり，高等教育の費用も大きくなった。また，子どもの教育が終わってから夫と妻が死ぬまでの期間は大きく延び，この期間をいかに有効に過ごすかという親の高齢期の生き方の問題も出現してきた。家庭外における子ども同士の接触の時間と場所の確保や，子どもに人生の比重をかけ過ぎない親の生き方の確立等，少子社会に対応した家庭教育が必要となり社会の環境の整備が急がれている。

　子どもをとりまく社会の変化として，生活が物質的に豊かになったということも見逃すことができない。豊かな社会の中で一家庭の子どもの数は減り，子どもたちは，親からお金と時間をかけて育てられるようになった。大人も子どもも物質的な豊かさを求め，周囲を過剰に意識し，同調圧力の中でストレスを抱えることとなった。またその一方，非正規雇用の増加等，就労形態の変化により就学助成を必要とする児童も増え続けている。家族間の格差が拡大してきている。「子どもの貧困」問題が，現代では社会問題となっている。家庭教育は社会のあり方と大きなかかわりをもっている。

（2）生涯学習時代を生きる子どもと親

　人間は，乳幼児期から少年期，青年期を通り，成人初期・中期，高齢期とそれぞれのライフステージにおいて，各ステージに必要とされる学習をしていかなければならない。自己の進歩に合わせた学習を生涯にわたり継続することができて，はじめて長い人生を豊かに過ごすことを可能にするのである。この生涯にわたる学習を考えるなら，与えられたものだけをこなす受け身の学習において短期的に良い成果を得たとしても，将来にわたって十分とはいえないことは明白である。自ら積極的に自分の必要とするものを学び取る自主的な学習能力が必要となる。幼少期からの教育の中で自主性と自立心を養い，主体的に学習・探求できる力が育成されなければならない。すなわち生涯を通して学ぶ能力の習得が求められるのである。

　単なる知識の詰め込みが学習である時代は終わった。ノールズ（Malcolm S.

Knowles)のいう自己主導型の探索が必要な時代は,答がすでに決まっている質問に応答する能力よりも,自分自身で問題を発見し,その答を見つけ出す能力が必要とされるのである。そのためには多くの啓発的な経験の中で本人が能動的に学ぶことが必要であり,またその能動的学習のための環境づくりが求められる。これからの家庭教育は,生涯学習時代を生きる子どもを育てることを目指さなくてはならないのである。

　生き方指導ともいわれる職業指導の研究者でもある教育学者の竹内義彰は,個の違いの認識の重要性を強調し,万人に適用できる教育方法はないと述べている。親は情報に振り回されることのないよう確固たる哲学をもつことが求められるのである。また,子どもの段階から職業的発達を遂げ,職業を選択し,職業的適応を果たしながら生きていくという個人の背負った終生の課題は,本人のみが解決し達成していかなければならず,他の者が当人に代わって仮に解決したとしても,それは課題をもつ本人自身の行動による問題解決ではなく,単なる回避に過ぎない。したがって,正しい意味での問題解決とはいえない[1]。親の経験し得ない未来を生きる子ども自身が,問題解決を遂行できるよう,その力を付けることが親に求められているのである。

　イリッチ(I. Illich)は,『脱学校の社会』において,学校化の中で進級や免状によってのみ能力がついたと思いがちなこと,学校においてあらゆるものを測定し数値で表してきたことから,すべてのものが測定可能であると思い込み,あらゆるものの等級付けを受け入れ,測定できない経験を見逃してしまうということを指摘している。彼は,親が社会の学校化の中で子どもを幼児期から測定し,数字に翻弄され,家庭生活における教育まで学校化してしまうという危険性を警告している[2]。

　生涯学習時代を生きる子どもを育てるには,家庭にあっては,幼児期から数字による測定を排した,周囲の風潮に振り回されない教育が求められる。子どもの主体的な活動を促し,それぞれの子どもが特性を伸張し,発達の時期に応じた課題を達成することができるようにしなければならないのである。

　家族は,生まれた子どもが初めて接する人間集団である。家族という人間集団のなかで子どもは第一義的な人間関係を学び,社会性を身に付けていく。

このように家庭は子どもにとって大きな教育機能をもつものであるが，同時に，家族成員の相互支援および成長の場として，家族成員全員に対する教育機能を持っていると考えられる。子どもの教育だけではなく，親も親としてどう生きていくか自分自身の人生について学ぶ必要がある。

生涯教育を水平的な場と垂直的な空間をもって立体的にとらえるなら，家庭における教育は，乳幼児に対する教育のみならず，家庭における家族の成員すべての教育であり，家族間教育ともいえる。生涯学習時代にあっては，家庭は家族成員一人ひとりの成長を助長し，その成長が他の成員の成長を促す場となることが期待される。また，家庭教育の充実のためには，個人の生き方と家族形態の多様化に対応した成熟した社会づくりが求められる。

2　社会の成員の学びによる家庭支援

(1) 家庭教育と地域社会

家庭教育の充実を提言する答申が多く出されている中で，第2次臨時教育審議会答申（1986〔昭和61〕年）は，生涯学習のための家庭・学校・社会の連携を提言している。家庭教育の活性化として，「家庭・学校・地域は連携し，三者一体となって子どもを育てる必要がある。このためPTAについては，すべての親が教師とともに教育の在り方を考え話し合う場となるよう，地域懇談会，夜間の会合，父親学級等の開催を推進し，活性化を図る」と述べられている。

『地域における生涯学習機会の充実方策について』（生涯学習審議会答申，1996〔平成8〕年）においては，学社融合の概念が提唱された。「学社融合は，学校教育と社会教育がそれぞれの役割分担を前提とした上で，そこから一歩進んで，学習の場や活動など両者の要素を部分的に重ね合わせながら，一体となって子供たちの教育に取り組んでいこうという考え方であり，学社連携の最も進んだ形態と見ることもできる」と機能の共有化を目指した。

『生活体験・自然体験が日本の子どもの心をはぐくむ─「青少年の［生きる力］をはぐくむ地域社会の環境の充実方策について」─』（生涯学習審議会答申，1999〔平成11〕年）は，まさしく地域社会における子どもの体験活動を支援する

体制づくりの必要性を訴えている。国際連合の子どもの権利条約においても，親と子の関係が重視され，家庭の重要性とその養育責任を鑑み，家庭が十分な責任を果たせるよう国が積極的な援助を行うことを義務づけている。子どもが健全に育つための家庭教育への援助および地域教育の充実への支援が，国や地方公共団体に強く求められているのである。

2006（平成18）年の教育基本法改正では，第10条「家庭教育」が新設され「父母その他の保護者は，子の教育について第一義的責任を有するものであって，生活のために必要な習慣を身に付けさせるとともに，自立心を育成し，心身の調和のとれた発達を図るよう努めるものとする」とある。続いて「国及び地方公共団体は，家庭教育の自主性を尊重しつつ，保護者に対する学習の機会及び情報の提供その他の家庭教育を支援するために必要な施策を講ずるよう努めなければならない」とある。また同じく新設された第11条「幼児期の教育」には「幼児期の教育は，生涯にわたる人格形成の基礎を培う重要なものであることにかんがみ，国及び地方公共団体は，幼児の健やかな成長に資する良好な環境の整備その他適当な方法によって，その振興を努めらければならない」とある。家庭教育は，社会から切り離され家庭の中に閉じ込められたものではない。家庭教育に当たる者に対する支援とその環境を整えることが，国および地方公共団体に求められているのである。

さらに，新設された「学校，家庭及び地域住民等の相互の連携協力」では「学校，家庭及び地域住民その他の関係者は，教育におけるそれぞれの役割と責任を自覚するとともに，相互の連携及び協力に努めるものとする」（第13条）と述べられている。

2008（平成20）年には教育基本法の改正を踏まえ，社会教育法も改正され，「学校，家庭及び地域住民その他の関係者相互間の連携及び協力の促進に資すること」（第3条第3項）が加えられた。また教育委員会の事務に「家庭教育に関する情報の提供に関する事務」や「主として学齢児童及び学齢生徒に対する，学校の授業の終了後等に学校等を利用して行う学習等の機会を提供する事業の実施等の事務」（第5条）が規定された。

家庭教育は第一義的には親または保護者の責任ということができるが，学校

や地域は親を支援することが求められている。地方自治体の教育計画には地域総がかりで，または学校と社会が一体となって家庭教育を支援することおよび子どもを育てることが謳われている。

　家庭教育は，保護者の生涯学習であると同時に社会の成員すべての生涯学習でもあるということができる。

（2）大人の学習が生み出す子どもの成長

　京都市にあっては1998（平成10）年に子どもの教育を考える運動が起きた。子どものために大人は何ができるのかについて意見交換し，行動を起こしていくことを目的として，市民主体で活動を展開している。「人づくり21世紀委員会」と名付けられ，教育，保育，青少年団体はもとより，医療，福祉，文化，スポーツ，経済，マスコミ等幅広い分野の110を超える団体が参加している。家庭，学校，地域の連携とは，家庭，学校，地域の大人の連携であることを示すとともに，子どもの教育とは，言い換えれば家庭，学校，地域の大人がともに研鑽を積み続けなければならない大人の生涯学習であることを明文化し，実践しようとしている。

　2007（平成19）年に，この委員会が中心となり，全市民を巻き込んで，「子どもを共に育む京都市民憲章〈行動理念〉」がつくられ，制定された。

　　わたくしたちは，
　　1　子どもの存在を尊重し，かけがえのない命を守ります。
　　1　子どもから信頼され，模範となる行動に努めます。
　　1　子どもを育む喜びを感じ，親も育ち学べる取組を進めます。
　　1　子どもが安らぎ育つ，家庭の生活習慣と家族の絆（きずな）を大切にします。
　　1　子どもを見守り，人と人が支え合う地域のつながりを広げます。
　　1　子どもを育む自然の恵みを大切にし，社会の環境づくりを優先します。
　　　　　　　　　（2007年2月5日制定，3月13日憲章推進の市会決議）

この憲章は，地域の大人がこの実践すなわち生涯学習に努め，子どもをともに育んでいこうというものである。この市民憲章の実践は京都市基本計画および京都市教育振興計画の中心に据えられている。また，京都市保健福祉局と京都市教育委員会により，家庭，学校，地域社会が協働で実施する「子どもを共に育む『親支援』プログラム ほっこり子育てひろば」が実施されている。学習課題を，妊娠期，乳幼児期，学童期，思春期に分け，ファシリテーターのもと，保護者参加型のプログラムが学校や社会教育施設，保健センター等様々な場所で展開されている。市民がつくり，実施する親の学習の場である。このほか，様々な親支援プログラムが実施されている。

　家庭教育の充実は男女共同参画社会づくりや，育児休業制度の充実等，社会と深くかかわっている。生涯学習時代の家庭教育は，同じく生涯学習時代をみつめる学校教育や社会教育の実践とあいまって，またより良い社会づくりをともなって，充実することができるのである。

　注
  1)　竹内義彰・崎野隆・伊藤一雄『職業と人間形成』法律文化社，1977年，p.107.
  2)　イヴァン・イリッチ，東洋・小沢周三訳『脱学校の社会』東京創元社，1977年，pp. 81-83.

第3章
社会教育施設と学校の開放

1 生涯学習時代の社会教育施設

　生涯学習を支援する空間としては，家庭，学校，社会教育施設，福祉施設，民間の各種施設等々，学習者が存在する場すべてが考えられる。また今日では，インターネットの普及によってどこにいても世界のあらゆる施設を利用して学習することができる。

　数多くの施設の中でも社会教育施設は，人々の学習活動のための場所を提供することを目的とする施設である。他の学習の場と異なる点は，学習を支援する恒常的な施設であること，学習活動の援助のための工夫がされていること，広く一般的に開放されていることである。すなわち，単なる集会の場や，一時的な学習の場ではなく，人々の自主的・自発的な学習のために開かれた学習を支援する施設である。

　社会教育施設といわれるものには，公共図書館，博物館，公民館等が含まれる。公民館は社会教育法により，公共図書館は図書館法により，博物館は博物館法により，規定されている施設である。そのほかには，青年の家，少年自然の家，視聴覚センター，さらに体育館等のスポーツ施設も社会教育施設といわれる。社会教育行政の管轄外施設であるが，人々の学習活動を援助し，必要な情報・知識を提供する施設もある。市民会館，文化会館等と呼ばれる施設や，児童館，保健所，老人福祉センター，勤労青少年ホーム，男女共同参画センター，コミュニティ・センター等を挙げることができる。これらの施設は，それぞれ固有の目的を達成するために設置されているものであって，社会教育関連施設と呼ばれることがある。また，すべてを含めて生涯学習施設ととらえることができる。

このような社会教育施設・社会教育関連施設は，青年の家や児童館等のように特定の利用対象を想定して設置されているもの，公共図書館や博物館のようにその機能を専門化させているもの，また公民館のように総合的なものに分類できる。それぞれの施設が独自の役割を担いながら生涯学習の支援を行っている。

　教育基本法が2006（平成18）年に改正され，社会教育に関して「第12条　個人の要望や社会の要請にこたえ，社会において行われる教育は，国及び地方公共団体によって奨励されなければならない。2　国及び地方公共団体は，図書館，博物館，公民館その他の社会教育施設の設置，学校の施設の利用，学習の機会及び情報の提供その他の適当な方法によって社会教育の振興に努めなければならない」と改められた。

　2008（平成20）年には社会教育法の一部が改正された。教育基本法改正を踏まえた主な改正点は，「国及び地方公共団体の任務」に第3条第2項「国及び地方公共団体は，前項の任務を行うに当たつては，国民の学習に対する多様な需要を踏まえ，これに適切に対応するために必要な学習の機会の提供及びその奨励を行うことにより，生涯学習の振興に寄与することとなるよう努めるものとする」が加えられ，第3条第3項が改正され，「学校，家庭及び地域住民その他の関係者相互間の連携及び協力の促進に資することとなるよう努めるものとする」ことが加えられた。また，第5条の「市町村の教育委員会の事務」の主な改正点は，家庭教育関係情報の提供，情報化の進展に対応した任務，学齢児童・生徒を対象に放課後または休業日に学習その他の活動の機会を提供すること，人々の学習成果を活用すること，社会教育に関する情報の収集，整理，提供が加えられたことである。学校教育，家庭教育，社会教育の連携が一段と強化され，互いに高め合う生涯学習としての展開が期待される。

　社会教育施設の充実には，建物や設備，図書・雑誌等の物的側面に加えて，社会教育主事をはじめ，公民館の公民館主事，公共図書館の司書，博物館の学芸員といわれる専門的職員という人的側面が重要である。また，ボランティアや学習者が施設の運営に協力し，その教育的効果を高めることが求められている。さらに，生涯学習時代にあっては，変化する社会や人々の多様かつ高度な要求にいかに応えているかという機能的側面が重要となってくる。

V 日本における生涯学習の展開

　2003（平成15）年には指定管理者制度ができた。各地方公共団体が定める条例に従って指定管理者の団体を選定し，管理運営の委任をすることが進められてきた。現在も長所と短所が指摘されているが，社会教育関連施設の指定管理者による運営は拡大している。

(1) 公 民 館

　公民館は社会教育法第20条に「公民館は，市町村その他一定区域内の住民のために，実際生活に即する教育，学術及び文化に関する各種の事業を行い，もって住民の教養の向上，健康の増進，情操の純化を図り，生活文化の振興，社会福祉の増進に寄与することを目的とする」と規定されている。公民館は日本独自の社会教育施設であり，日本における社会教育施設の拠点ともいわれている。

　生涯学習時代にあっては，地域住民の多様なかつ高度なニーズに応えるため，都道府県の生涯学習推進機構や他機関との連携を強める等，地域生涯学習の拠点となる試みが続けられている。

　京都府においては2002（平成14）年に市町村，各教育委員会，高等教育機関，NPO等を網羅した生涯学習推進ネットワークが作られ，インターネットを通じて講座を配信している。プログラム名は「京都府インターネット放送局　生涯学習講座」であり，公民館における集団学習をはじめ世界中からの生涯学習を可能にしている。このほか，「道民カレッジ　ほっかいどう学大学放送講座」，「あおもり県民カレッジ　あおもり学インターネット講座」や「ふくしま学習空間・夢まなびとe-ラーニングふくしま学習チャンネル」等がある。評価・顕彰制度を設けているところもある。従来の学習方法の充実はもとより，今日では生涯学習の新しい方法を創り上げていくことが求められている。

(2) 図 書 館

　図書館法第2条において「「図書館」とは，図書，記録その他必要な資料を収集し，整理し，保存して，一般公衆の利用に供し，その教養，調査研究，レクリエーション等に資することを目的とする施設」であると定められている。

第3章　社会教育施設と学校の開放

　図書館の業務は，テクニカルサービス（資料の収集，組織化，保存）と，パブリックサービス（資料・情報の提供等の利用者サービス）に大別される。[1]
　図書館サービスは記録資料を中心に展開される。それらを大別すれば，①手書き資料（写本，古文書等），②印刷資料（図書，雑誌，新聞，パンフレット，地図等），③手書き資料以外の非印刷資料（カセット，CD，写真，ビデオテープ等の視聴覚資料，マイクロ資料，DVD-ROM等の電子資料），⑤博物館的資料（模型，実物教材，絵画，地球儀等）がある。[2] さらに今日ではインターネットの普及にともない，有料の外部データベース（新聞等），電子書籍や電子ジャーナル等の情報源の取り扱いが増加している。資料の発行点数が激増し，多様化する情報源に対応した情報提供サービスが求められている。このため，図書館設備として利用者用コンピューターを設置し，オンライン蔵書検索をはじめとする情報検索サービスを行っている。
　今日では，情報化の進展によって閲覧および貸出という図書館の伝統的・基本的サービスにおいても，インターネット予約システム等，新しい取り組みが求められ，職員の高度な専門的知識と技術が要求されるようになった。
　2008（平成20）年の図書館法改正では，2006（平成18）年の教育基本法改正を受けて図書館奉仕に関する第3条に「家庭教育の向上に資すること」が加えられた。また，「学習の成果を活用して行う教育活動その他の活動の機会を提供し，及びその提供を奨励すること」が新設された。収集には「電磁的記録」も加えられた。第3条は以下の通りである。

　第3条　図書館は，図書館奉仕のため，土地の事情及び一般公衆の希望に
　　　沿い，更に学校教育を援助し，及び家庭教育の向上に資することとなる
　　　ように留意し，おおむね次に掲げる事項の実施に努めなければならない。
　　一　郷土資料，地方行政資料，美術品，レコード及びフィルムの収集に
　　　も十分留意して，図書，記録，視聴覚教育の資料その他必要な資料
　　　（電磁的記録（電子的方式，磁気的方式その他人の知覚によつては認
　　　識することができない方式で作られた記録をいう。）を含む。以下
　　　「図書館資料」という。）を収集し，一般公衆の利用に供すること。

二　図書館資料の分類排列を適切にし,及びその目録を整備すること。
三　図書館の職員が図書館資料について十分な知識を持ち,その利用のための相談に応ずるようにすること。
四　他の図書館,国立国会図書館,地方公共団体の議会に附置する図書室及び学校に附属する図書館又は図書室と緊密に連絡し,協力し,図書館資料の相互貸借を行うこと。
五　分館,閲覧所,配本所等を設置し,及び自動車文庫,貸出文庫の巡回を行うこと。
六　読書会,研究会,鑑賞会,映写会,資料展示会等を主催し,及びこれらの開催を奨励すること。
七　時事に関する情報及び参考資料を紹介し,及び提供すること。
八　社会教育における学習の機会を利用して行つた学習の成果を活用して行う教育活動その他の活動の機会を提供し,及びその提供を奨励すること。
九　学校,博物館,公民館,研究所等と緊密に連絡し,協力すること。

　また生涯学習時代にあっては,従来の読書会,講演会等による教育文化活動への要求に応えるためのサービスも強化されている。館内にカフェを併設する等,多くの利用者に親しみやすい環境づくりも行われている。
　図書館は生涯学習の中心となるべく,一般成人のための開館延長をはじめ,子どもたちへの読み聞かせ,対面朗読の実施等障碍者への配慮,さらに図書館のネットワーク化等あらゆる人々の多様なニーズに応えようとしている。
　また,デジタル・アーカイブ化が進められ,様々な図書館,美術館,博物館に所蔵されている出版物から写真,動画,音声,芸術作品に至るまでをインターネットで閲覧可能なデジタル・ライブラリーが日本を含めた各国で普及している。
　情報化時代においては図書館運営の在り方が人々の生涯学習を左右するといっても過言ではない。公共図書館は,「すべての人が平等に利用できるという原則[3]」に基づき,その生涯学習に果たす役割は増加の一途を辿っている。

（3）博物館

　博物館は，博物館法第2条に「この法律において「博物館」とは，歴史，芸術，民俗，産業，自然科学等に関する資料を収集し，保管（育成を含む。以下同じ。）し，展示して教育的配慮の下に一般公衆の利用に供し，その教養，調査研究，レクリエーション等に資するために必要な事業を行い，あわせてこれらの資料に関する調査研究をすることを目的とする機関（社会教育法による公民館及び図書館法（昭和25年法律第118号）による図書館を除く。）のうち，地方公共団体，一般社団法人若しくは一般財団法人，宗教法人又は政令で定めるその他の法人（独立行政法人（独立行政法人通則法（平成11年法律第103号）第2条第1項に規定する独立行政法人をいう。第29条において同じ。）を除く。）が設置するもので次章の規定による登録を受けたものをいう」と定義されている。しかし博物館法に基づく施設はごく一部の施設であり，国立博物館の一部も博物館相当施設である場合がある。また，博物館全体の8割が博物館法の枠の外にあり，博物館類似施設と呼ばれている。

　第2条第3項には「この法律において「博物館資料」とは，博物館が収集し，保管し，又は展示する資料（電磁的記録（電子的方式，磁気的方式その他人の知覚によつては認識することができない方式で作られた記録をいう。）を含む）をいう」とある。2008（平成20）年の改正において，デジタル資料も含まれることとなったのである。

　また，2008（平成20）年の改正において，博物館の事業として「九　社会教育における学習の機会を利用して行つた学習の成果を活用して行う教育活動その他の活動の機会を提供し，及びその提供を奨励すること」（第3条）が新設された。社会教育で得た成果の活用機会の提供とその奨励が期待されることとなった。また運営の状況に関する情報の提供に関する第9条の2「博物館は，当該博物館の事業に関する地域住民その他の関係者の理解を深めるとともに，これらの者との連携及び協力の推進に資するため，当該博物館の運営の状況に関する情報を積極的に提供するよう努めなければならない」が新設された。地域住民との連携協力の推進や運営情報の提供が明記されたのである。そのほか，博物館協議会の委員に従来からの学校教育および社会教育の関係者，学識経験

者に加えて,「家庭教育の向上に資する活動を行う者」(第21条) が明記された。社会の広い範囲にわたり, 博物館が有用に機能することが期待された。

ただ, 2011 (平成23) 年の博物館法の一部改正において, 第21条は「博物館協議会の委員は, 学校教育及び社会教育の関係者, 家庭教育の向上に資する活動を行う者並びに学識経験のある者の中から, 当該博物館を設置する地方公共団体の教育委員会が任命する」から,「博物館協議会の委員は, 当該博物館を設置する地方公共団体の教育委員会が任命する」とされた。

博物館は実物資料の「もの」を基礎としているが, このほか,「資料収集」,「整理保管」,「調査研究」,「教育普及」という四つの機能をもって成り立っている。この各々の機能をいかに発揮しているかによっても, 博物館が特色づけられることになる。

博物館の内容, 規模は多種多様であり, 設置主体別 (国, 公, 私立) の違い, 博物館法上の位置づけ (登録博物館, 相当施設, 類似施設) の違いなどがあるほか, 収集資料の違いによって, 総合, 郷土, 歴史, 美術, 自然史, 理工, 動・水・植の博物館と分類している。大きく「総合博物館」,「人文 (科学) 系博物館」,「自然 (科学) 系博物館」という分け方もあり, それぞれに独自の活動が展開されている。またその種類によって収集, 整理, 展示等の方法が異なる。

生涯学習時代にあっては幅広い層の学習者に深いかかわりをもった学習活動を提供するために, 資料に触る, 体験する等の工夫や, 案内, 解説にデジタル・ディバイスを活用する等, 創造的展示活動が行われている。また, 必要に応じて出前展示をする等, 新しいニーズに応じた活動が展開されている。さらに, デジタル・ディバイスの活用で自宅から海外の博物館にアクセスして学ぶこともできるようになる等, 様々な新しい方法が展開されている。

2　学校の開放と生涯学習

(1) 生涯学習時代の学校

生涯学習時代にあっては, 学校は, 一部の限られた人のための教育の場でも, 社会から隔絶された特別な場でもなくなる。生涯学習時代における学校には,

その機能と施設の開放が求められる。すなわち学校中心の教育体系から生涯学習体系に移行することによって、学校の役割は縮小されるのではなく、強化・拡大されるということができる。

　学校中心の教育体系には多くの問題がある。学校教育のみによる教育の完結が今日の社会においては不可能であるにもかかわらず、学校教育に過度の比重が置かれていること等である。そのため激しい受験戦争が生じ、真の教育が見失われる上に、地域社会や家庭における人間形成がおろそかになるという結果を引き起こした。

　しかし生涯学習体系においては、学校には、従来の基本となる教育に加えて、生涯にわたって主体的に学ぶ能力の育成や、社会に開かれた学校としての教育機能が求められる。学校が社会に開かれることにより、今まで学校教育、社会教育、家庭教育と分離していたものが、混じり合い重なり合い、一体となって生涯学習社会を創り上げることになる。学校教育・社会教育・家庭教育の連携、融合により、人々は生涯にわたり、いつでもどこでも様々な方法で学び、成長できることになるのである。

　『地域における生涯学習機会の充実方策について』（生涯学習審議会答申、1996〔平成8〕年）においては、生涯学習時代の学校として期待される教育機能を十分に発揮するためには、幼稚園・小学校・中学校・高等学校・特殊教育諸学校が地域社会に根ざしていることが必要であると強調されている。すなわち「地域社会の教育力の活用」と「地域社会への貢献」によって学校の教育機能を生かしていこうというのである。

　生涯学習時代に必要とされる自ら学ぶ意欲や、自分で考え、判断し、行動する能力を高める教育は、学校の中だけの教育では不可能であり、地域社会からの様々な支援及び地域社会の資源の活用が必要とされる。これら地域資源の活用には、PTAの活性化をはじめとして、学校教育活動に地域住民が積極的に参加することが必要である。「地域社会の教育力の活用」は、学校の「地域への貢献」とあいまって強力になっていくと考えられる。

(2) 大学開放

① 生涯学習体系構築に向けての開放

　日本における大学開放の歴史は，三つの特色ある時期に分けることができる。

　第一期は明治時代に近代高等教育制度が確立されて以降大正デモクラシーの時代までである。1880年代（明治10年代末—20年代）から私立の専門学校は学問の成果を広く一般の人々に普及する活動を始めていた。大学と同じ教育水準を保ちながら校外生制度や講義録の発行および巡回講演会等を行っていた。またアメリカの通信制大学（Correspondence University）を手本とした通信講学会が，短期間ではあったが通信制の教育事業を展開していた。

　大正時代には，文部省主導で帝国大学および直轄大学が夏期公開講義や講演会を行っている。ただ，大学の水準を維持したものではなく，思想善導的かつ教化的なものであった。このほか，官制の大学開放とは別に「大正デモクラシー」の中で，長野県上田市に自由大学が開設（1921〔大正10〕年）された。その後，各地に同様のものが作られ，全国的な自由大学運動となった。

　第二期は第二次世界大戦直後の教育改革が行われた時期であり，1946（昭和21）年の米国第一次調査団の勧告に始まる。同年，文部省委嘱の「文化講座」が開設され，翌年には「夏期学校」と「専門講座」が増設された。学校教育法（1947〔昭和22〕年）には，第69条に「大学においては公開講座の施設を設けることができる」と規定され，大学開放（公開講座）推進の法的根拠が整備された。しかし，これら文部省委嘱の公開講座は，1950年代に入ると衰退していった。

　このような変遷の後，1960年代から生涯学習体系構築の一部として開放が進められていくのが第三期である。1963（昭和38）年に中央教育審議会答申『大学教育の改善について』，翌1964（昭和39）年に社会教育審議会答申『大学開放の促進について』が出された。1971（昭和46）年には社会教育審議会答申『急激な社会構造の変化に対処する社会教育のあり方について』および中央教育審議会答申『今後における学校教育の総合的な拡充整備のための基本的施策について』が出される。履修形態の多様化やリカレント教育の促進および放送大学を含めた高等教育の開放が説かれている。さらに『生涯教育について』と題さ

れた中央教育審議会答申（1981〔昭和56〕年）では生涯教育推進の一環として大学開放が強調されている。同答申では，大学開放の具体的方法として，正規課程の開放には，編入学を含めた昼間学部への受け入れの拡大，昼夜開講制，通信教育，放送大学および社会人入学制度を挙げ，正規の課程以外の開放としては，聴講生・研究生制度と大学公開講座を挙げている。さらに大学院段階における開放と，他教育機関における修得単位の認定についても言及している。

21世紀に向けての教育改革の提言としての臨時教育審議会の第1次答申（1985〔昭和60〕年）から第4次答申（1987〔昭和62〕年）にあっては，生涯学習体系への移行を主軸とする教育体系の統合的再生の中に，大学の開放が位置づけられている。第2次答申においては，パートタイム・スチューデントへの配慮，夜間コースや昼夜開講制の拡充，学位授与機関の創設や，大学および大学院における継続教育・継続訓練の推進を提言している。

第3次および第4次答申では「生涯学習社会において社会に期待される役割は極めて大きい」と述べられ，「大学は，自らを広く社会に開放し，社会の要請を受けとめ，公共的な寄与を果たす責任を負う」とし，公開講座，市民講座等への協力，大学諸施設の市民への開放，大学への社会人の受け入れ等の積極化を提言している。また，他機関・他組織との連携，インテリジェント化による施設の積極的活用等も取り上げている。

『地域における生涯学習機会の充実方策について』（生涯学習審議会答申，1996〔平成8〕年）においては，地域社会における学習機会の提供の主要な機関として高等教育機関の開放を提言している。「大学，短期大学，高等専門学校及び専門学校からなる高等教育機関は，高度で体系的かつ継続的な学習の場として生涯学習において重要な役割を果たすことが期待されている」と述べられている。1900年代後半は，大学の生涯学習への役割が認識され，その開放が実践されてきたといえる。2004（平成16）年の国立大学の法人化により大学と自治体との協働が進められるようになった。また産官学の交流も盛んになり，企業内だけではなく広くは一般社会人の学習にも影響を及ぼすこととなった。

生きがい・教養に関する教育から，新しい知識や技術の習得にかかわる職業生活に関する教育に至るまでの教育提供の場として，新しいニーズに高等教育

V 日本における生涯学習の展開

機関が応えていくことは生涯学習社会の実現に不可欠である。今後も新たなニーズへの対応が期待される。

② 新しい形の大学開放

　1985（昭和60）年および1993（平成5）年の大学院設置基準の改正により，もっぱら夜間に教育を行う大学院修士課程，博士課程の設置が可能になった。このほか，大学通信教育（放送大学を含む）も拡充されてきた。1999（平成11）年には通信制大学院も開設された。また，今日ではｅ-ラーニングが取り入れられ，時間と方法の拡大による生涯学習体系構築に向けた大学の開放が進められてきた。

　バーチャル・ユニバーシティーは，インターネットを用いて大学の教育を提供するシステムである。教材入手からすべての教育・学習活動を，インターネットを通して行う。一部にフェイス・トゥ・フェイスの面接授業を行う大学もある。バーチャル・クラスにおいては，掲示板やチャットが活用されている。

　オープン・コース・ウェア（Open Course Ware, OCW）は，大学や大学院等の高等教育機関で正規に提供された講義とその関連情報を，インターネットを通じて無償で公開する活動である。2003（平成15）年にアメリカのマサチューセッツ工科大学（MIT）が始め，その後，世界中の大学に広がった。大学の授業公開による社会貢献と同時に，その公開により大学の授業の質の向上を目指すものである。日本を含む様々な大学で授業公開が実施されている。

　2008（平成20）年にはムーク（Massive Open Online Courses, MOOC）という無料のオンラインコースが創設された。授業を視聴するだけではなく，オンライン・ミーティングや試験への参加も可能であり，修了証も得ることができる。現在では世界の多くの大学が配信している。

　このようにグローバルな展開の中で大学開放による学習機会が増加している。

　大学開放の長い歴史の中で年齢，国籍を問わず誰でもが，学習時間の制限もなくいつでも，居住地を問わずどこでも，様々な大学のプログラムを学べる時がやってきたのである。

注

1) 宮部頼子『図書館サービス概論』樹村房，2012年，pp. 13-16.
2) 高山正也・平野英俊編『図書館情報資源概論』樹村房，2012年，pp. 15-16.
3) 日本図書館協会「ユネスコ公共図書館宣言1994年」
   http://www.jla.or.jp/portals/0/html/yunesuko.htm （閲覧日：2013年3月30日）．

Ⅴ　日本における生涯学習の展開

第4章
生涯学習の形態・方法・評価

1　学習参加の形態と成人の教授学習方法

　学習形態の分け方には様々あるが，学習形態を学習者の学習参加の形態から分類すると，集合学習形態と個人学習形態に分けることができる。
　集合学習形態は集会学習形態と集団学習形態に分けることができる。集会学習とは，学習テーマに関して，興味をもつ個人が集まる形態であって，集団としてのまとまりは強くない。講演会，講習会，演奏会，展示会等のほか，各種スポーツ大会や行事等，様々な集いもこの形態と考えることができる。
　集団学習は学習のテーマよりは人々の集まりそのものが中心となり，共通の関心と相互のコミュニケーションを通して，集団としての目標を達成していこうとするものである。集団学習の最も典型的なものは女性会等の地域団体による学習活動である。一定期間にわたって，組織的・継続的に学級や講座において学習する同好のグループやサークルでの学習活動も含まれる[1]。
　戦前までは社会教育は施設中心ではなく団体中心の教育であったため，個人学習形態に関しては，留意されていなかった。しかし，今日にあっては新しいメディアの開発等により，その可能性は拡大の一途を辿っている。個人学習形態は，もとより個人で学習するものである。しかし，メディア活用によって新しい局面を迎えているといえる。デジタル・ディバイスの活用により個人がどこにいても多数とコミュニケーションをとりながら学習することが可能になる等，新たにバーチャルな形態が生まれてきた。学習の場やメディアの組み合わせによって，多様な形態が考えられる。
　教授学習方法も様々な分類の仕方があるが，ダニエル・プラッツ（Platt, D. D.）のファイブ・パースペクティブ理論は成人の学習方法を五つのパースペク

ティブとして分類し，実践を展開する際に広く活用されている。Teacher（教員・指導者），Learners（学習者），Contents（学習内容），Context（コミュニティー等の枠組み，環境），Ideals（教師の信念・信条・価値観）の五つの要素とその関係から，以下の五つの形態に分類したものである。

　一つめの Transmission Perspective（伝達型）は教師と学習内容を中心とし，教師と学習内容との関係が最も強い。すなわち，教師中心（teacher-centered）学習であり，教師が学習内容を熟知しており，その内容を学習者に伝達し，学習者はそれを受け取り，できるだけ正確に再生するというものである。したがって教師にはその内容をいかに上手く学習者に伝えることができるかという能力が求められる。伝統的な教授学習方法ということができる。

　二つめの Apprenticeship Perspective（徒弟型）は教師と学習内容が中心であり，かつどのようなコミュニティーまたは枠組みで実施されているかによって規定される。すなわち，限られたコミュニティーまたは枠の中でのみ成立するのである。さらに，教師または指導者と学習内容が一体であるのが徒弟型の特色である。教師や指導者の知識と技術そのものが学習内容である。したがって学習者は，言語化されていないそれらの内容を，見ること，聞くこと，体験することを通して学んでいくのである。教師はそのコミュニティーにおける知識と価値を具現化した存在である。その枠組みであるコミュニティーの中においては，学習者は技術や知識を学ぶだけではなく，自己のアイデンティティーをも形成することとなる。ある地域における祭り等の祭祀の伝達，料理や大工仕事の師匠と弟子の関係等に徒弟型の教授学習方法がみられる。師匠の技は学習内容そのものなのである。

　三つめは，Developmental Perspective（開発型）である。近年の認知心理学の発達により生涯学習時代の教授学習方法として，北アメリカで多く取り入れられている。中心となるのは学習者であり，同時に学習者と学習内容との関係である。すでにある認知マップを学習者自身が作り変えていくことが求められる学習者中心（learner-centered）の教授学習方法である。学習は知識量の変化というよりは，考え方の質の変化ということができる。単に知識が増えることを学習とは呼ばない。学習者本人のすでにある知識や思いに結びつき，組み入

れられ，内的な変化を起こしてこそ学習なのである。理解力と思考力の両方における質の変化である。教師の役割は，学習者が自ら学習内容に向うよう，学習者一人ひとりを支援しなければならない。したがって教師は現在の学習者の知識，思考を熟知しておく必要がある。教師から発するのではなく，学習者から学習内容に向かうようにする必要がある。学習者が探求の仕方（how to inquirer）を学び，自ら探求し内容に近づくのである。

四つめは Nurturing Perspective（育成型）である。学習者と教師およびその二つの関係が中心となる。本書Ⅲ篇第1章に述べたアンドラゴジーにこの関係をみることができる。学習者の自己概念と自己効力感が学習に大きな影響を与えることを重視し，教師は学習者と信頼と尊敬の関係をもち，ともに学びに挑戦していくのである。ノールズ（Malcolm S. Knowls）は，教師は触媒のような働きをするものだと述べている。すなわち，教師が学習者の自己主導的な自己概念の形成を促進することにより学習者の学習が促進されるのである。教師は学習者に自信と自己充足感を与えることが求められる。

五つめの Social Reform Perspective（社会改革型）は教師の思想・信条が中心となる。教師は学習内容を直接学習者に伝えるが，学習内容そのものではなく，学習者がその学びによって，その技や行為ができるようになることが，社会に影響をもたらすというものである。女性の自立のための学習等が挙げられる。社会改革に力点が置かれた教授学習方法ということができる[2]。

プラッツはこれらの関係を図示し，成人教育の実践に大きな影響を与えた。生涯学習時代に有効な成人学習を進めて行くためには常に理論と実践を融合し，有効な教授学習方法を選択することが求められる。

2　参加型の学習方法

（1）学習方法の特徴

学習方法の分け方は様々あるが，「講義」中心の学習，「経験」中心の学習，「討論（話し合い）」中心の学習の三つに分けることができる。

「講義」中心の学習方法は系統的学習に適しているといわれている。しかし

講義のみの学習となると，知識の偏重や承り学習となり，学習者の主体的な学習活動へのかかわりが薄いという批判も多い。実際一般的な「講義」形式の学習活動には，単発の講演会が多く，その後の学習活動や社会活動を生み出す力がない場合が多い。さらに学習者をいろいろな層から広く多く集めるため，一般的な入門編に終わり，個々のニーズを満たし得ない場合が多くある。高度化，多様化したニーズに応えるためには，学習レベルに応じたクラス分けや段階的・継続的なプログラムづくりの工夫が必要である。質疑応答方法の工夫や，講義中の様々なメディアの活用等，「講義」中心の学習にもバリエーションが求められる。

「経験」中心の学習方法は，学習者自らが学習課題に関して何らかの行動を経験することによって，理解を深め，知識・技術を修得する方法である。見学，実習，フィールドスタディー，調査，ロール・プレイング等様々な方法が考えられる。学習者が主体性，自発性，創造性等を発揮することができるが，学習テーマによっては，具象的学習（経験学習）に偏り，抽象的学習（理論的学習）に欠けることのないよう注意が必要である。

「討論（話し合い）」中心の学習方法は，情報の交換，意思の疎通，相互理解等によって視野を広め，思慮を深めることを目的としている。

討論の形式は以下のように様々なものがある。いくつかを組み合わせる等，工夫によって，新たな方式を考え出すことができる。

① バズ・セッション（6.6討議）

全参加者を6-8人くらいの小グループに分け，それぞれのグループは輪になって話し合いをする。各グループの討論結果を発表し合う。全体のコーディネーターが各グループの話を発表し，その内容を中心に全体討議をする場合もある。少人数で発言しやすく，全員が話し合いに参加できるという利点がある。

② ラウンド・テーブル・ディスカッション（円卓会議）

テーブルを囲んで，全員が平等の立場で話し合いをする。コーディネーター，記録者を互選する場合も，両者とも他の参加者と同じように発言をすることができる。司会者をコーディネーターと呼ぶ場合が多い。

③ フォーラム（フォーラム・ディスカッションの略，集団討議）

　全体で話し合いをする。挙手，指名，発言とコーディネーターの指図に従って進められていく。インターネット・フォーラムも実施されている。

④ レクチャー・フォーラム

　講師の講演を聴いた後，質疑応答をする。発言はフォーラムの形式に従う。

⑤ シンポジウム・フォーラム

　参加者の前で数人のシンポジストが一つのテーマに関して異なった視点から決められた時間内に意見を述べる。その後，コーディネーターの指示に従い，参加者との間で質疑応答をする。また，シンポジスト同士で話し合った後，参加者と質疑応答を行う場合もある。あらかじめ配付された用紙に参加者が質問や意見を書き，各講師が答えるという方法がとられる等，様々な形で実施されている。

⑥ パネル・フォーラム

　参加者の代表となる立場や意見の異なる人が，参加者の前で決められた時間，各自の考えを述べ，討議をする。この討議をパネル・ディスカッションと呼ぶ。パネル・ディスカッションの後，参加者と質疑応答や意見交換を行う。コーディネーターが進行をする。パネリストをパネラー（和製英語）と呼ぶ場合が多い。

⑦ フィルム・フォーラム

　課題の理解を深める映画を見た後，レクチャー・フォーラム，バズ・セッション，パネル・フォーラム等をする。

⑧ 実演式討議

　フィルム・フォーラムの映画に代わって，ロール・プレイングをする。この他，映画に代わってビデオや演劇を見て話し合うこともできる。

　「討論（話し合い）」中心の学習活動では，学習者が主体的に問題を提起し，共同あるいは個人で課題の理解と解決策の発見にあたる等，講義だけの承り学習とは異なり，主体的かかわりと，学習成果の顕在化が期待される。しかしながら，シンポジウム・フォーラムやパネル・フォーラムも承りのみで終わるよ

うな場合は講義中心学習との違いがみられない。討論自体に慣れていない学習者においては一朝一夕にできるものではなく，文化的な側面への配慮や工夫，またトレーニングを必要とする。

　学習形態，学習方法は，学習者や学習内容に合わせて様々に組み合わせ，最も効果的な学習プログラムを創り出していかなければならない。この学習形態や方法を考えるに当たって，学習者またはその代表が加わることが望ましい。生涯学習においては，企画の段階から，学習者も共に創造に加わることが望まれる。

　また，個人の学習に関しても，各人のニーズに合わせて，提供されている学習の形態と方法を組み合わせて個人向けのメニューを作る，学習メニュー方式が試みられるようになってきた。学習相談の機能がうまく働いている場合は，個人のニーズの多様化，高度化に応える学習が期待できる。

（2）ディベートとディスカッション

　討論，話し合い，討議，ディスカッションは様々な意味に使われるが，大きく括れば，ある議題について各人の考えを交換し合うことということができる。

　ディベート（debate）は，特定のテーマについて肯定と否定の二組に分かれて行う討論であり，公的な主題について異なる立場から議論することを指して，討論（会）と呼ばれることもある。ディベートという言葉は二組に分かれない討論にも使われている。学校教育でもディベートの指導が行われている。教育ディベートまたはディベートと呼ばれ，異なる立場に分かれて討論をする。競技ディベートは，論題（topic）を決め，肯定側と否定側に分かれ，決められた進行形式に従い討議を行い，決められた審査基準に基づいてジャッジによって勝ち負けを判定されるものである。進行形式は一つではなく様々なスタイルがある。

　一般にディスカッション（discussion）は，それぞれが考えを述べ合い，意見を交換し合う場合に用いられる。自分の意見を述べるということ事態に慣れていない参加者が多く，発言することを怖がったり，また長く話し続ける等，ディスカッションが必ずしもスムーズに進行するとは限らない。特に正しい答

V 日本における生涯学習の展開

表V-1 スモールグループ・ディスカッション（パーティシペーション・トレーニング）

進め方	トピック 「はい」や「いいえ」で答えられないような質問 What ゴール：グループが到達したい目標 　　　　何のために話し合うか Why アウトライン：ゴールに到達するためのステップ How 例：1. 不満点，問題点 　　　　2. 改善点 　　　　3. 理想に近づけるためにはどのような努力が必要か
コンディション	・共に計画する ・共に考える ・強制されない自由な発表 ・熱心に聞く ・お互いに受け入れ合う
構成員	・リーダー ・グループメンバー ・記録係 ・オブザーバー ・リソース　パーソンズ
ディスカッションを進めるために	・課題遂行のためにすること ・ディスカッションを維持するためにすること ・注意しなければならない行為

（出所）　John McKinley and Paul Bergevin, *Participation Training for Adult Education*, Minnesota : The Bethany Press, 1974.

はただ一つであり，その正答のみを答えるということを繰り返してきた者にとって自分の考えをもって，自由に討論することは困難である。また，日本においては世界的に類を見ない，日本の話し合いの特色として知られている，根回し，本音と建前，沈黙は金，長い物には巻かれろ等の文化があり，生産的なディスカッションへの障壁は大きい。しかしながら，今日ではディスカッションは，生活の中でも仕事の中でも求められ，生きる中で欠かせないものとなっている。自由で生産的なディスカッションをするためには，その学びの機会が必要となる。

　成人教育においては，ディスカッションの方法が開発されている。これらは，人間関係や自分自身を知るという目的にも用いられている。その一つであるパーティシペーション・トレーニングは，6～10人くらいの少人数でするスモールグループ・ディスカッションである。その目的はグループおよびグルー

第4章　生涯学習の形態・方法・評価

表V-2　ディスカッションを進めるために（パーティシペーション・トレーニング）

課題遂行のためにすること	ディスカッション維持のためにすること	注意しなければならない行為
1．提案（Initiating） ・提案，提示をする ・問題を明らかにする 2．情報提供（Informing） ・事実や情報を提供する ・意見や気持ちを述べる 3．明確化（Clarifying） ・解説，解り易くする ・言い直してあげる 4．要約（Summarizing） ・要約する ・まとめる ・結論に導く 5．現実照会 　（Reality Testing） ・批判的分析をする ・データに照らして考えてみる ・実際に機能するか（役立つかをチェックする）	1．調整（Harmonizing） ・相異なる意見の調停を企てる ・相異を軽減し，歩み寄りを試みる 2．ゲイト・キーピング 　（Gate Keeping） ・コミュニケーションの門を開いておく ・他者の参加を促す ・同調できるようにする 3．同意テスト 　（Consensus Testing） ・同意が得られるかを確認する ・結論の段階に入れるかを調べる ・これまでの道筋をまとめ，結論を出せるか調べる 4．勇気づけ（Encouraging） ・友好的に暖かく相手に応える ・表情で他人の意見に反応する ・他人の貢献を認める 5．妥協・調和（Compromising） ・意見が異なれば妥協を試みる ・誤りを認める ・グループのまとまりを考える	1．攻撃（Aggression） ・人の意見をバカにする ・グループやその価値を攻撃する ・冗談ばかり言う 2．妨害（Blocking） ・理由もないのに反対する ・個人的な理由でグループに対して頑なになる ・ディスカッションの進行をじゃまする 3．支配（Dominating） ・グループやメンバーに対して権威を誇示する ・他人の貢献を妨げる ・媚びへつらい等でグループをコントロールしようとする 4．ディスカッション外行為 　（Out-of-field Behavior） ・ディスカッションに参加せず気取っている ・ディスカッションでではなく，他の方法で自分を認めさせようとする（服装等で） 5．他への悪用 　（Special-interest Solicitation） ・ディスカッションとは無関係のことにグループを利用しようとする ・偏見をもつ

（出所）　表V-1に同じ

プの人びとおよび自分自身について学ぶことである。また，グループでの学習において他のメンバーの支援の仕方，自由な発言の展開の仕方，ディスカッションにおける生産的な学びを形成する方法を学ぶのである。[3]

　パーティシペーション・トレーニングは，表V-1にみられるように，トピックを決め，決められた方法で進行していく。また，表V-2にみられるようにディスカッションを進めるための三つの機能が明らかにされている。各人がこれらの機能を果たすことによってお互いを受け入れ合い，自由に討議することができる。また，リーダーを決定するが，全員がリーダーシップをとる。すなわち全員が課題遂行およびディスカッションを維持するための機能を果た

すのである。
　グループディスカッションにおいては、グループの種類やグループが作られた目的によって、ディスカッションの進行方法や意義、目的が異なってくる。ただ、正しい答は何かという問に対して、ディスカッションの研究者フリン（E. Flynn）は「初めに正しい答があると思ってはいけない。また誰かに答を教えてもらえると思ってはいけない。各個人がそれぞれ満足のいく答を見つけようと試みなければならないのである。したがって、ディスカッションが終わった後も、答を求める探求は継続するのである。ディスカッションは、多くの情報を与え、深い理解を導くが、真の答は、各人の生活、人生そして社会に対するそれぞれの対応、態度として表出されるのである[4]」と述べている。ディスカッションは、生涯のあらゆる時期、あらゆる場所において求められる。ディスカッションによって個人が成長し、そのグループおよびコミュニティーが創り出されていくということができる[5]。グループディスカッションの学習は、子どもから成人まであらゆる年齢に求められているということができる。

3　学習成果の評価とプログラム評価

（1）学習成果の評価

　日本においては生涯学習体系の構築が学歴社会の是正という観点から強く求められている。つまり、個々人が生涯にわたって学習を継続するだけでなく、そのことを他の人々や社会が尊重し、正当に評価することが求められているのである。学歴偏重の今日の社会を正していくためには生涯学習の成果を生かす方策が求められる。学歴は身分や出身を重んじる社会から本人自身が評価されるという点においては、近代化において一つの役割を果たしてきた。しかし、学歴社会という言葉は、学歴が必ずしも本人の実力を示さないばかりか、今日では「実力があっても学歴がなければその実力が正当に評価されない社会。また実力がなくても学歴があれば尊重される社会」として使われるようになった。生涯学習体系の構築にあっては、「学歴社会の弊害是正」として「人間の評価が多面的に行われるような評価の在り方」の検討が要請され、「社会における

学歴偏重の在り方を根本的に改め，評価の多元化を図る」（臨時教育審議会答申，1985〔昭和60〕年—1987〔昭和62〕年）必要性が強調されてきた。

『今後の社会の動向に対応した生涯学習の振興方策』（生涯学習審議会答申，1992〔平成4〕年）においては，学習の成果を職場，地域や社会において生かすことのできる機会や場の確保の必要性を指摘している。その充実振興方策としての評価に関しては，学習成果を学校の正規の単位として認定することや，企業等において学習成果が適切に評価される人事管理システムの採用，さらにボランティア活動の経験やその成果を学校の入学や企業の採用において評価の観点の一つとすること等が挙げられている。

『学習の成果を幅広く生かす—生涯学習の成果を生かすための方策について—』（生涯学習審議会答申，1999〔平成11〕年）では，学習成果を社会で通用させるシステムの必要性が強調され，その仕組みの一つとして，学習の成果を一定の資格に結びつけていくことが重要であると述べられている。学習成果を①個人のキャリア開発に生かす，②ボランティア活動に生かす，③地域社会の発展に生かすという，三つの方策が提案されている。

自由に学習を選択して学ぶことができると同時に，その成果が「いつどこで学んだか」ではなく，「何を学び何ができるのか」によって評価される社会の創造により，はじめて人々は自己実現を図ることができるのである。学習機会の創造に加えて，学習評価の創造が求められている。

（2）プログラム評価

学習プログラムの評価は，学習活動にかかわったものすべてがするべきであるとノールズは述べている。プログラムディレクターやスタッフはもちろん，学習者や外部の専門家にも評価を求めることを提案している。[6]

プログラム評価の意義について遠藤克弥は，「①スタッフがプログラムの目的や目標に焦点を当てるのを援助する。②プログラム編成と実施の過程で発生する様々な局面でせまられる意思決定の際に重要な情報を提供する。③学習事業の計画と実施における進歩と発展の確認を援助する。④参加者に学習への興味を増加させる。⑤プログラムの有する様々な面に対する責任を考えさせる。

⑥プログラムの中心的な目標の達成と成果についてのデータを提供する。⑦将来のプログラムをより発展させる方法の確認を援助する[7]」の七つを挙げている。

プログラム評価の内容は，その目的や課題によって異なる。学習者に対するアンケートには，プログラムの構成，テキストの良し悪し，教授方法，講師の態度，学習の成果等様々な局面から評価を求める必要がある。より良いプログラムを作るために評価を重視することが求められている。

（3）個人の学習成果の評価

個人の学習成果の評価として，アンドラゴジーでは自己評価を重視している。自分で評価できるように援助や工夫をするのは教師の役割である。学習に入る前の学習者自身による自己診断や，到達の度合いを知る材料の提供等が必要である。教師が学習者を一方的に評価するよりも難しく，教師の力量が試されることになる。また，この過程で，教育プログラムの長所や欠点を知ることができる。

学習者は，到達した現在の能力と学習前の能力を自分で比較することにより学習成果を測ると同時に，目標とのギャップを次の学習へのモティベーションとすることができる[8]。

評価にあっては，学習者や学習内容に相応しい方法を創り出していかなければならない。

注
1) 土居利樹「集合学習の基本」土居利樹ほか『集合学習の展開』実務教育出版，1988年，pp. 6-7.
2) Platt, Daniel D., *Five Perspectives on Teaching in Adult and Higher Education*, Malabar : Krieger Publishing Company, 1998, pp. 3-52.
3) John McKinley and Paul Bergevin, *Participation Training for Adult Education*, Minnesota : The Bethany Press, 1974, p. 10.
4) Flynn, Elizabeth W. and La Faso, John F., *Group Discussion as Learning Process*, New York : Paulist Press, 1972, pp. 11-12.
5) *Ibid.*, p. 11

6) Knowles, Malcolm S., *The Modern Practice of Adult Education*, New York : Association Press, 1970, p. 227.
7) 遠藤克弥「プログラムの成果と評価」遠藤克弥編『アメリカの生涯学習』川島書店，1999年，p. 144.
8) Knowles, *op. cit.*, pp. 43-44.

VI　アメリカの生涯学習

第1章
アメリカ社会と生涯学習

1 個人の成長と社会の発展を目指して

アメリカにおいては生涯学習という言葉は一般的には使われていない。成人教育（Adult Education），継続教育（Continuing Education）や地域教育（Community Education）という言葉が使用されている。生涯にわたる学習の必要性が認識され，生涯学習の機会は広くいきわたっているが，それらは成人教育，継続教育，地域教育，職業教育，企業内教育，中等後教育，個人学習等の種々の領域において様々な機関や組織がそれぞれに相応しい方法で展開してきたということができる。

1976年には Lifelong Learning Act（生涯学習法）(1976-1980)という法律がつくられた。また，1994年につくられた Goals 2000: Educate America Act（ゴールズ2000――西暦2000年に向けての教育目標）の国家目標に"Adult Literacy and Lifelong Learning（成人の識字能力と生涯学習）"という項目がある。すべての成人が識字能力をもち，世界経済の中で競争していくために必要な知識と技術を保持し，市民としての権利を行使し，責任を果たせるようになることを目標としている。生涯学習は，市民としての個人の向上と同時に，アメリカという国および社会の向上の両面からとらえられているのである。

遠藤克弥は，アメリカ生涯学習発展の基本理念として，次の五つを挙げている。

第一は知識の一般普及である。アメリカ社会には伝統的に一般市民の知識の獲得こそ個々人の生活を支え，民主主義国家を形成維持し，国家の安全を保障するという考えがある。このような考えが，アメリカ公教育制度の発展を支え，地域教育等を含む生涯学習を進展させてきたのである。

第1章　アメリカ社会と生涯学習

　第二は平等と公平の精神である。多民族社会であるアメリカが差別や人種間格差という問題を抱えながらも誇りをもって常に目指しているのは平等である。地域の実情に応じたコミュニティー教育が進められ，コミュニティーセンターの建設，識字教育や職業訓練のプログラム提供等，平等な教育の機会が生涯学習の中でも展開されている。また平等の理念に公平性（Fairness）や正当性（Justice）という概念をもつ公正の理念が加わり，個々人によって必要なもの，個々人の要求の相違に応えるという教育が進められている。多民族国家におけるより良い共生に生涯学習が貢献しているのである。

　第三は同化政策である。移民の国アメリカにおいてはアメリカ社会においてアメリカ人として生活するために，知識と技術を獲得する教育が必要とされてきた。また現在もその必要性は衰えていない。教育は，移民をアメリカの主流文化に同化させ，国家の一員として政治・文化システムを支持する人間を作る手段でもあり，「文化的同化政策」は「教育政策」でもある。学校教育においてだけではなく社会教育においても，また子どもに対してだけではなく成人に対しても同化教育は様々な形で行われてきたのである。

　第四に個の集団としてのコミュニティーづくりである。アメリカのコミュニティーは個の集合によって構成され，コミュニティーの中ではある程度の年齢に達すれば，個人として自立し，自己の責任と義務において，コミュニティーの一構成員として生活し活動することが求められる。個人の自由が尊重され，相互に助け合うコミュニティーの中では地域における様々なボランティア活動等の社会的活動が活発に行われる。生涯学習活動への参加は個人のためであると同時にまたボランティア活動等による学習成果の還元と深く結びついている。

　第五に中等後教育への転換である。生涯教育の進展に呼応して，1970年代になり中等後教育という言葉が使われるようになった。すなわち中等教育以降の教育を高等教育のみと考えるのではなく，中等教育以後の教育の機会を総合的に中等後教育という概念でとらえるようになったのである。中等教育以降の教育機会に対する考えの変化は，大学における継続教育・識字教育プログラムや社会サービス事業等，プログラムの拡大と多様性を生み，四年制大学の社会人入学の増加や，エクステンション・キャンパスにおける学習機会の拡大を生み

出した。また、短大や専門学校、企業、図書館や博物館のような社会教育機関等、営利、非営利を問わず様々な機関や団体が中等後の教育を提供していった。中等後教育への考え方の転換はアメリカの生涯学習の多様で高度な方向への展開を支えてきたといえる[1]。

以上のようにアメリカにおける生涯学習はアメリカの文化や社会実状と深く結びつき、アメリカ固有の展開をしている。

アメリカにおける生涯教育の特色として、三浦清一郎は以下の六つを挙げている。

第一は私事性志向である。プログラム編成の基礎となる要求充足原則（Need Meeting Doctrine）があり、個人の学習要求を満たすことを重視することである。したがってプログラムの大部分が受益者負担を貫くと同時に、学習者はその妥当性（accountability）を要求する。

第二は実利性の重視である。公立生涯教育において、教育は失業状況の改善、不平等の是正、コミュニティー問題の解決等様々な社会目標達成の手段と考えられている。したがってプログラムは実利性が重視され評価後の予算編成への影響も大きい。

第三は資格主義（credentialism）である。学習の成果を認定された資格として保証することが望まれている。その背景には、それらが、生涯のいつ獲得されたものであっても、労働市場で価値を生むからである。しかしこれに対して反資格主義も根強く、学習ネットワークや一般教養プログラム重視の傾向もある。

第四は居住地域性である。居住地域性とはコミュニティーの社会経済的特性を指す。すなわちそれらは、生涯教育プログラムの特区性までも決定するというのである。

第五は補償教育の充実である。社会的に不利な条件に置かれた人々（the socially disadvantaged）は、免許資格等をもたない。これらの人々に対して各種の補償措置を講じる一つの方法が公立の成人教育プログラムである。

第六は底流としてのボランティア思想である。アメリカの生涯教育、特に民間の生涯教育関係団体を支える基本精神はキリスト教を背景としたボランティア思想であるといえる。連邦政府や地方自治体のプログラムの多くがボラン

ティアの活動に依拠しているといえる。[2]

　以上のようにアメリカの生涯学習はその独自性において，個人の成長と社会の進展に寄与しているということができる。

2　コミュニティーカレッジが変える人生

　アメリカの大学には日本の短期大学にあたる私立のジュニアカレッジ（Junior College）と，実学系のテクニカルカレッジ（Technical College）を含む地域性の高い公立のコミュニティーカレッジ（Community College）という二年制大学がある。二年制大学は準学士の学位や修業証書を授与する。

　コミュニティーカレッジは二年制大学の大半を占めており，短期高等教育の中心となっている。コミュニティーカレッジは今世紀の初めに設立されたが，多くは第二次世界大戦後に設置され，1960年代に急成長を遂げている。今日では，州への依存を強めているが，もともとコミュニティーカレッジは校区の目的明示の住民資産税によって設置運営されてきた地域密着性の強い大学である。

　コミュニティーカレッジは市民権運動やベトナム戦争帰還兵の受け入れ，さらに，女性解放運動により入学者が増え，急速な成長を遂げることになった。1950年から2006年の間に，900以上のコミュニティーカレッジが設立され，アメリカのほぼすべての郡（county）において，近くのコミュニティーカレッジで学ぶということが可能になった。[3]

　コミュニティーカレッジの機能は種々あり，すべてのコミュニティーカレッジが同じ機能を有しているとは限らない。国，地域に応じて独自の機能を果たしている。

　代表的な機能として，まず一番目に挙げられるのは Associate Degree（準学士）を取得できることである。その学位をもつことは伝統的高等教育機関の四年制の大学への移行を可能とし，Bachelor Degree（学士）取得に通じる。すなわち学位のトランスファー機能をもつ。近くにコミュニティーカレッジが存在することは，地域での学習を可能にし，働きながら学習することを可能にする。また，地域でのインターンシップ等，地域産業とかかわる職業に就ける

チャンスを得ることにもなる。地域で学び，かつ四年制大学への移行を可能にするというトランスファー機能は，アメリカおよびカナダのコミュニティーカレッジの特徴である。

第二に，コミュニティーカレッジにおけるプログラムは，技術の習得による資格の取得や職業に関するプログラムを含むことである。これら職業の習得は地域振興と深いかかわりをもつ。期間は6ヵ月から2年を超すものもあるが，就職の可能性は非常に高い。

第三は，地域のニーズ，地域住民のニーズに応じた継続教育である。それぞれの職業専門や個人のニーズに応じた教育である。様々な能力向上を目的としている。

第四は，補修または再教育の機能である。伝統的な大学に行くことができない学生が，安価な授業料で勉学に必要な基礎能力をつけることができる。

最後に，有能な地域の働き手の養成を挙げることができる。地域の産業振興に必要なプログラムを調査，準備し，地域住民と地域産業に必要とされるプログラムやコースを提供することである[4]。

以上は，大きく分けた機能であり，各校が各地域に応じた展開を図っている。各地域で生きる人々の職能教育に関する重要な機能を有していると同時に，地域振興および国家の産業振興と深くかかわっているということができる。

アメリカを代表するコミュニティーカレッジであるインディアナ州（Indiana）にあるアイヴィー・テック・コミュニティーカレッジ（Ivy Tech Community College）に，六つの特色をみることができる。まず第一に，州全土に30を超えるキャンパスをもち，さらに小規模なセンターを含めるとその倍を超える場所が提供されている。したがって，各学生が住居の近くで学習できるという利便性がある。第二に，授業料が他のカレッジや総合大学に比べると5割程度と，安価なことである。第三は，この大学で2年間学びその後四年制大学に移ることができることである。またそのカリキュラムの充実において，多くの四年制大学へのアクセスが可能なことである。第四に，多くの専攻や科目の提供により，多くの資格，学位を提供していることである。またクラス数が約20人と少人数で学べることである。第五に，資格や学位を取得した後の就職

の可能性が高いことである。最後にインディアナ州の産業界，ビジネス界に人材提供をもって貢献していることである。

　このような特徴をもつことによって，アイヴィー・テック・コミュニティーカレッジは高い評価を受けている。このコミュニティカレッジには応用科学・エンジニアリング学部，ビジネス学部，健康科学学部，公共社会科学部等職業に結びつく9学部43学科がある。

　2011年に，アイヴィー・テック・コミュニティーカレッジ・セントラル・インディアナ（Ivy Tech Community College Central Indiana）のインディアナポリス（Indianapolis）のキャンパスにおいて，School of Public & Social Services（公社会サービス学部）の Paralegal Studies（パラリーガルスタディーズ・弁護士補助学科）計54人の学生を対象にした調査から，子どもをもった現在シングルの女性が，子どもを養育しフルタイムの仕事をしながら職業にかかわる学習をしている姿が浮かびあがった。

　学生たちからは，安価な授業料と家の近くにある通いやすさ，仕事をもち子育てをしながらでも学べるカリキュラムによって，好きな法律にかかわる学習ができるとの声が聞かれた。コミュニティーカレッジは，子どもを育て，仕事をしながら資格を取得し，新しい道へ踏み出す女性の人生に大きな役割を果たしているということができる。[5]

　コミュニティーカレッジの学長であるメロー（M. Mellow）とヒーレン（C. Heelan）は今日のコミュニティーカレッジについて，「アフリカンアメリカンやヒスパニック，アジア系の学生が増加傾向にある。コミュニティーカレッジがなければ学ぶことができなかったであろう多くの人々に，学習機会を提供することの意義は大きい。アメリカの学生の半数はコミュニティーカレッジに通っているということができる。この職能教育によって，地域の経済の発展のエンジンとなり，コミュニティーの建設が導かれているということができる[6]」と述べている。

　コミュニティーカレッジは，学習機会を提供し職業能力をつけ個人の人生を支え，地域の発展に寄与しており，アメリカの発展にはなくてはならない教育機関となっている。コミュニティーカレッジは，アメリカ社会における生涯学

習の象徴であるということができる。

注
1) 遠藤克弥「アメリカと生涯学習」遠藤克弥編『最新アメリカの生涯学習』川島書店，1999年，pp. 2-8.
2) 三浦清一郎『比較生涯教育』日本社会教育連合会，1988年，pp. 31-37.
3) Mellow, Gail O. and Heelan, Cynthia, *Minding the Dream : The Process and Practice of the American Community College*, Maryland : Rowman & Littlefield Publishers, 2008, pp. 6-7.
4) Wisenman, Alexander W. et al., *Community Colleges Worldwide : Investigating the Global Phenomenon*, Emerald Group Publishing, 2012, pp. 7-8.
5) 西岡正子「生涯学習における職能教育に関する研究——アメリカのコミュニティカレッジにおける教育の役割」『佛教大学教育学部学会紀要』第13号，2014年.
6) Mellow and Heelan, *op. cit.*, pp. xiv-xv.

第2章
高等教育機関と生涯学習

1 成人に開放された高等教育機関

　アメリカの高等教育機関は，様々な形態をとりながら時代に合わせて地域社会に開放されてきた。その開放の様態は，各機関により，地域により，また時代により，様々に異なる。それは，その時々のニーズに最も相応しい方法で開放してきたことを証明しているということができる。

　1862年の Merrill Act（メリル法）により創設された州立大学は，地域への教育の拡張，すなわちエクステンション・サービスを行っていった。その後施行されたいくつかの法律により大学拡張は展開していき，1900年代の初頭には多くの大学が農業と工業の両分野にわたって，その従事者にいくつかのコースを提供することで教育機会を与え始めた。それらは，継続教育部門によって，高等教育の機会に恵まれなかった人たちに，専門的な教育を提供するという組織的な形を整えていった。

　その後，国，州，地域との連携が進み，1915年には NUEA（National University Extension Association）が組織され，あらゆる分野において，教育を必要としている人々に対して大学の教育を提供するというところまで役割を拡大し，拡張教育を発展させていくこととなった。大学の継続教育部門は，州全体にわたって，個人およびコミュニティーの教育要求に応える組織または機関として，大学拡張を充実していく役割を担っていった。

　今日，大学のエクステンションといわれるものは，大学のメインキャンパスから遠く離れた遠隔地にある正規の授業が行われる小さなキャンパスを指すと同時に，都市部にあって，多くの人たちに語学から高度な専門知識や技術までを提供する継続教育部門の両方を指す。それぞれに，地域に応じた形で職業を

もちながら生涯学習を志す人々の学習要求に応えている。

　第一次世界大戦後，継続教育は，教育機会の補充だけではなく，市民の学習権に対する機会の保証という役割をもつようになった。さらに，第二次世界大戦中は，労働力不足を補うため，職業に従事しなければならない若者たちに対して，正規の授業単位を夜間コースにも出す等し，単位の取れるクレジットコースとしても充実していった。すなわち職業や趣味の充実のために取る無単位のノンクレジットコースと大学の正規の単位が取れるクレジットコースの両方において，教育機会の提供が拡充された。

　1970年代からは，継続教育を受ける人々の中に，大学卒業者や大学院卒業者が多くみられるようになってくる。高等教育機関が，生涯学習時代における教育機関として，職業を得るための学習から，職業に関する高度な学習までを要求されるようになり，生涯学習の一つの中心的機関としての役割を果たすようになったのである。

　1864年に伝統的高等教育機関として，また，ランドグラントすなわち州有地供与の機関として創設されたオハイオ州立大学は，すでに1907年から農業に関するショートコースを提供している。このコースの提供は，あくまで教育機会をもつことができなかった若い農業従事者を対象としたものであった。エクステンション・サービスを充実する法が整備されるなか，1914年にSmith-Lever Act（スミスレヴァー法）が成立し，国，州と地域の三者が費用の面においても連携し，エクステンション・サービスを強化していく協同拡張サービスが確立された。このような状況のなか，オハイオ州立大学はランドグラント大学として，教育機会を広く提供していった。[1]

　1913年にユニヴァーシティー・エクステンション・ディヴィジョン（University Extension Division）が作られた。その目的は，州全域への教育機会の拡張であり，通信教育の拡充である。さらに，教育分野は農業に限らず，工業，エンジニアリング，経済，医学と全分野へと拡大していった。

　第一次世界大戦後1920年代と1930年代は，"ユニヴァーシティー・エクステンション成人プログラム"または"大学コース"の名のもとに，高等教育機関の各分野が成人への拡張プログラムを提供していった。[2] また1939年から40年に

第 2 章　高等教育機関と生涯学習

かけて昼間に授業を受けられない人々を対象に成人夜間学校（Adult Evening School）が開かれた。ほとんどが無単位で大学レベルの授業とはいえないものが多かったが，60から80におよぶコースを提供した。その結果，一学期間に1,400人から1,800人という多くの人が学習機会を享受することになった。さらに，1942年には，新しくトワイライト・スクール（Twilight School）が設立され，単位を得ることのできる90コースが準備され，学位を得るためのプログラムが提供された。これらは第二次世界大戦中に軍需産業にフルタイムで従事する者に対して提供される高等教育機関における学習機会であった[3]。1944年の帰還兵の適応のための法律 The Servicemen's Re-adjustment Act により，多くの復員軍人に対する高等教育および職業教育を高等教育機関が担うこととなった。トワイライト・スクールは新たに継続教育機関としての確固たる位置づけを得，その内容も一層充実されることとなった。四年制のカリキュラムの充実や，正規の大学教員による指導および授業内容を大学レベルに維持すること等が進められていった。この充実に向けての改革を通してより多くの成人学習者のニーズに応える機関としての役割が確立されていった[4]。

　1960年代に入ると多様な学習ニーズに対応するため無単位の継続教育を充実するとともに，夜間コースの学術的質の向上を図るためパートタイム・継続教育部門が新設された。その後パートタイムの語がはずされ，継続教育部（Division of Continuing Education）は，21歳以上の学生の入学に関する許可や登録等の一切を担当する部門として，成人教育の拡充の中心的役割を担うこととなった。継続教育部門は60年の歳月を通して，農業教育への補助から，より多くの人に，より多くの学習機会を提供し，より多くの市民の学習ニーズに責任をもつ機関として発展していったのである。

　その後も継続教育部は，人々の学習ニーズに合わせて変遷を遂げていく。1974年のオハイオ州立大学イブニングクラス秋学期の学生を対象とした調査では，半数以上が大学またはそれ以上の学位をもっており，収入の高い専門職に就いていた。また75％が30歳以下の若い人たちで占められており，その約半数が学位取得を目的として授業を受けていた[5]。このようなフルタイムの仕事をもった人たちに高度な学習をする機会を提供するために，オハイオ州立大学で

は，1980年代から，地理的に便利なビジネス街での授業展開や，授業時間帯に幅をもたせたりする等の工夫を始めた。また，土曜と日曜を利用して単位を取り，学位を取得できる週末大学（Weekend University）もつくられた。職業をもちながら学ぶ人たちに有用な週末大学は，1980年代から90年代にかけてアメリカ全土につくられた。

さらに生涯学習時代の高等教育機関として，オハイオ州立大学は1984年に継続教育の大改革を行った。すなわち，大学以外の生涯学習機関が提供できるプログラムは大学以外の機関に委ね，高等教育機関ならではの生涯学習の援助に力を注いでいこうというものであった。継続教育部門は，単位プログラム部（The Department of Credit Program）と無単位プログラムを担当する部門（The Department of Conference and Institute）の二つの部門に凝縮した。すなわち前者は，イブニング，ウイークエンド，サマープログラム等の単位プログラムおよび継続教育入学許可登録の仕事をし，後者は，学会や継続専門教育プログラム等，無単位ではあるが，アカデミックレベルの高い継続教育を取り扱うこととしたのである。それまで600以上あった無単位プログラムのうち480までを廃止して，大学レベルの教育が必要とされる語学，コンピューター，経営の三部門のみを残すこととなった。また，新たに大学職員に対しては，ブリッジプログラムとして，働きながら学位の取れるシステムを創り出した。増加を続ける高等教育を求める高齢者に対しても，1973年から大学の開放を積極的に進めていった。

高等教育機関の開放はオハイオ州立大学にみられるように，限られた分野における教育機会を補うことから，その時々の社会の人々のニーズに応じた変化を遂げ，今日では生涯学習機関としての中心的役割を果たすようになったのである。その間，二つの目的を達成するために改革を積み重ねてきたということができる。その一つは，フルタイムの職業従事者に有用な教育を提供することと，広く一般の人々への学習機会の提供である。もう一つは，高等教育機関としての社会に対する役割を果たすことであり，アカデミックレベルをいかに保つかということである。

オハイオ州立大学の継続教育の歴史において留意すべき特色は三点ある。第

一は常に高等教育機関としての役割を評価し，見直していることであり，第二にその上で社会のニーズに合った教育を行っていることである。第三は広範な学習要求に応えることと，高いアカデミックレベルを維持した高等教育機関としての役割を果たすことのバランスを常に保とうとしたことである。

アメリカにおいて高等教育機関が，人々の生涯学習に与えてきた影響は計り知れないといえる。社会の変化が激しくなる上に，人々のニーズが多様化する今日において，高等教育機関の果たす役割は大きく，生涯学習機関としてさらなる期待が寄せられている[6]。

2 成人学習への有効な取り組み

アメリカの高等教育機関は，常に成人に門戸を開いているということができる。学部や大学院の学生でも配偶者や子どもがいる人は珍しくない。キャンパスの中にも家族用の宿舎，日本でいうマンションが多く建っており，子どもたちが通園できる保育園がある大学もある。この成人の学習への開放はパートタイム・スチューデントの増加にみることができる。フルタイム・スチューデントのように，毎日朝から夕方まで学校に来る必要はなく，可能な時間の授業を取ることができる。成人の生涯学習にともなってパートタイム・スチューデントは増加の傾向にあるが，なかでもメインキャンパスから離れたエクステンションと呼ばれる小さなキャンパスにおいては，その数も多く，年齢の幅も20代から50代と幅広く，既婚学生および働きながら単位を取り学位取得をめざして学習する学生が多い。

時間的配慮でみるならば，1970年代から週末大学（Weekend College）が成人の生涯学習に大きな役割を果たしている。フルタイムの職業従事者が，学位を取得することを目的として創設されたもので，週日の夜間授業と比較して，仕事による疲労，遅刻，欠席が少ない上，週末は他の家族に育児を任せることができる利点があり，学生数の増加がみられる。

成人学習者に対する有効な配慮は，学習場所にもみられる。遠くのキャンパスへの通学が困難な者に対するオフィス街や商店街へのキャンパスの設置，通

信やインターネットの利用による在宅学習，大学内宿泊施設の利用，州内各地のエクステンション（分校）設置等が挙げられる。

　アメリカにおいて，成人が高等教育機関で学習できるよう最も大きな役割を果たしているのが継続教育学部（School of Continuing Education）である。大学によって異なるが，成人の入学審査および入学許可，成人のための単位プログラム（Credit Program）を担当しているほか，学士や準学士の学位を出している。また，通信制の課程やワークショップ等，成人学習者に特化した支援をしている。

　最後に忘れてならないのは，側面的援助である。基本的科目を学習する学習準備コース，不得意分野征服コース，大学入学に必要な高等学校卒業資格を得るための高校レベルの科目の提供等，中断された教育を再開するための援助に加え，入学前から続けられるカウンセリング等が掲げられる。カウンセリングは仕事や育児の従事者が学習を継続するうえで精神面と学業面にわたって行われる必要な支援として重視されている。

　また女性の学習者への学習支援や，女性に開かれていなかった分野への就職支援等，女性のための支援部門がある。女子学生および，地域の女性に対して必要とされる学習機会の提供や学習支援を行っている。特に学部学生に対しては，25歳以上の女性を対象にカウンセリング，定期会合，ニューズレターの配布，就職のためのコースの提供，職業情報の提供を行う等，学習を継続し就職を可能にしていくための支援を行っている。

　テクニカル・カレッジは，コミュニティーカレッジ同様，準学士を出し，四年制大学への編入を可能としているが，その内容において，より職業的な専門技術や知識とかかわりが深く，職業の取得に直接結びついた教育を行っている。また，前章第2節で述べたコミュニティーカレッジは，成人に開放された教育を象徴するものである。

　エクステンションによる大学の開放は，都市部においては学習ニーズの多様化，高度化に対応し，市民の生涯学習を支える役割を果たしている。大規模なエクステンションの一つのカリフォルニア大学（University of California）のバークレイ・エクステンション（Berkeley Extension）は1891年に開設され，100年以

上の歴史をもつ。個人や企業，その他機関に対して，様々な分野において大学レベルの質の高い教育を提供している。アート・デザイン，健康科学，ビジネス，建設，環境マネジメント，科学・数学・バイオテクノロジー，教育等9分野にわたり，通学とオンライン学習が可能である。たとえばビジネス分野も会計学，ビジネス・アドミニストレイション，経営学等20種類の分野に分かれ，各分野ごとに21のコースがある。またそれぞれの分野においてエクステンション独自の資格（certificate）を出している。

　資格取得には必修科目と選択科目を一定水準以上の成績で，数年間という一定期間内で取得することが要求される。これらの資格にかかわるコースにおいては，高度な専門能力の育成が行われ，その能力は職業能力の向上と新しい職業獲得の保障に強く結び付いている。また職場においても個人の専門的知識と技術を示すものとして有効に機能する。エクステンションは様々な形で個々人の人生に学びの機会を提供しているということができる。

3　新しい学位による学び

　非伝統的学習方法を認めた単位授与が継続教育において，一定範囲に限ってではあるが取り入れられている。大学の授業を受けることなしに，自己の力で獲得した知識や能力に対しても，単位が与えられる。カレッジレベル試験（College-Level Examination）により知識や能力を証明したものに対して与えられるもの，国家試験や資格試験・軍隊経験に与えられるもののほか，仕事やボランティア活動等を通して得た知識や能力が大学レベルであると証明された場合に与えられるもの（Life Experience Credit）等がある。単位認定の際には多くの制限があるが，非伝統的方法で獲得した大学レベルの知識や能力を認めるということは，成人を対象とした教育ならではの方法といえる。

　1970年に入ってからは，女性のための独自の学位取得プログラムをもつ大学も現れた。ウイメンズ・エクスターナル・ディグリー・プログラム（Women's External Degree Program）等にみられるように，25歳以上の女性を対象に質の高い教育を提供している。育児やその他家庭の事情で学習を継続できなかった女

性の,自立支援を目的としている。このようなプログラムにおいては,伝統的方法といわれる大学に通学しての単位取得に,上記の方法で取得した単位を加えることができる。1960年代の女性解放運動後,自己の向上と自立のため,また職業を得るためにと女性の学習ニーズは急速に増加してきた。この女性の学習ニーズに応えるべく高等教育機関は継続教育の拡張と充実において大きな役割を果たしてきたといえる。

1970年代以降,アメリカでは生涯学習への取り組みがさかんになり,様々な形態の学位プログラムが生まれている。1973年にカーネギー高等教育委員会 (The Carnegie Commission on Higher Education) により『学習社会を目指して――生活と労働と奉仕とに向かう様々な道 (Toward a Learning Society: Alternative Channels to Life, Work and Society)』という報告書が出された。1976年には,"Lifelong Learning Act (生涯学習法)" (1976-1980) が成立した。また,1970年から連邦政府によって推進されたキャリア教育運動と軌を一にして,学習機会に恵まれなかった人々に対する支援が盛んに行われるようになった。1971年カーネギー財団から資金援助を得て,CEEB (College Entrance Examination Board) とETS (Educational Testing Service) の協力のもとに非伝統的学習審議会 (Commission on Non-Traditional Study) が設立された。この審議会は,伝統的な大学キャンパスにおける非伝統的学習の教育における諸問題を検討し,全国的な視野に立って政策提言を行うと同時に,エクスターナル・ディグリー運動の将来性を明らかにするための具体的勧告を行うことを目的とした。審議会は,1972年に『非伝統的学習の研究 (Explorations in Non-traditional Study)』,1973年に『学外学位 (The External Degree)』および『多様化のデザイン (Diversity of Design)』,1974年に『非伝統的プログラムの企画 (Planning Non-Traditional Programs)』等次々と報告書を刊行した。この審議会は,高等教育の多様化を促進し,多くの高等教育機関が,新しい学生層への対応により活性化し,新しい道を開拓する上で重要な役割を果たした。

このほか,壁のない大学 (University Without Walls) や,リージェント学外学位 (Regent External Degree) 等のプログラムも作られている。いずれも学習を継続したい学生すべてに入学を許可するオープン・アドミッション (open admission) 制を取り，各学生は，教授陣のガイダンスのもと各人に合わせて綿密に作成されたプログラムに従って，非伝統的学習による単位認定を一部に含め学位を取得する。連邦政府も地方教育行政においても，これらの学習機会の拡充を重視し支援している。

近年はオンライン・コース (Online Course) により多くの社会人に学士取得の機会を提供している。エクスターナル・ディグリーは幅広い中等後教育に対する高等教育機関の一つの取り組みといえる。

アメリカの18歳人口は1980年をピークに減少を始めた。高等教育機関は成人学生・パートタイム学生と，高等教育の対象を拡大し，成人が新しい社会で自己の能力を発揮するための多様なニーズに対応し，生涯学習機関としての機能を果たすことによって，成人および社会と大学自体の存在の両方に利益を供してきたといえる。これらの成人学生に対し，週末プログラムおよび電子通信メディアの活用による遠隔教育や，エクスターナル・ディグリー・プログラム等多様な試みによる対応をしてきた。すなわち，非伝統的学生に対して，非伝統的方法による教育を注入し柔軟に対処してきたのである。その基には，アカデミックレベルの維持や，学生の多様化に対応する教育の個別化等，様々な課題を克服する力を大学自体がもっていたこと，さらにはその原動力として民主主義や自由・平等への希求があることを忘れてはならない。また社会が，厳しく学習内容を評価するとともに，正しく評価された実力を受け入れる許容力をもっていることも見逃すことはできない。

システムの柔軟化により，アメリカは高等教育の範疇を成人教育および生涯教育に拡大し，社会システムの中に組み入れることに成功したといえる。今後，この生涯教育機関としての役割を果たす上で，インターネットを中心とする新しいメディアの活用は，高等教育機関の有り様を大きく変えていくものと考えられる。生涯学習時代にあっては，高等教育機関の変革と挑戦がさらに要求されるといえるだろう。

注
1) Boone, Edgar J., "The Cooperative Extension service", Smith, Robert M. et al.

eds., *Handbook of Adult Education*, New York : Macmillan Publishing Co., 1970, p. 265.
2) Division of Educational Services, "Background and History of the division of Continuing Education", Ohio State University, *Centennial History*, n.d..
3) Ohio State University, "The Seventy-Third Annual Report of Ohio State University", 1943.
4) Pallard, James E., *The Ben's Administration 1940-1956 vol. VIII of History of the Ohio State University*, Columbus : Ohio State University, 1967.
5) Norfleet, Cyntia, Dyer, Linda and Gumerove, Barry, "Students' above average", *Ohio State Lantern*, 27, March, 1974.
6) 西岡正子「アメリカの高等教育機関における高齢者教育」『佛教大学教育学部論集』第1号,1989年.

第3章

社会を変える高齢者の学習機会

1 学習機会の拡充から生まれる人生

　アメリカにおいても高齢化は著しく，65歳以上の老齢人口は増加の一途を辿っている。1960年9.2％から1970年9.8％と1桁代であったが，1980年には11.3％となり，2000年は12.4％，2010年は13％となった。10年毎の国勢調査における増加速度は増すばかりであるという（U.S. Bureau of the Census）。

　この高齢者の数の増加は，高齢者の学習機会の増加と充実を導いてきた。しかし，最も強力な機会拡充の要因は，高齢者の質の変化といえる。すでに1974年にニューガートン（Bernice L. Newgerton）は，アメリカの老人を二つに分け，54歳から74歳までの老人をヤングオールド（young-old），75歳以上の老人をオールド・オールド（old-old）と名づけ，老人の質の変化に注目している。老人に対するみじめなイメージ，すなわち老人は健康状態が悪く，貧しく，弱く，孤立しているというイメージは，75歳以上のオールド・オールドから得たものであって，ヤングオールドの実態には当てはまらないと指摘している。ヤングオールドは，健康状態，経済状態が良く教育程度も高い。さらに，彼らは政治への参加も積極的で，社会に対しても大きい影響力をもっている。老人という一呼称で，高齢者をひとまとめにし，その実態を見誤ることの危険性を指摘している。また，ニューガートンは，元気で精力的でその上充分な教育を受けている高齢者は，彼らの人生を充実させるためにも，地域社会のためにも，今までにない新しい形での学習と活動の場を必要としていくだろうと述べている[1]。実際アメリカにおいては高齢者の学習活動は非常に活発であり，高齢者自らが，様々な形態の学習機会を創造し，その拡充を積極的に推し進めてきたといえる。

　高齢者の学習は，高齢者の成長のみに限定されていない。他世代への奉仕や，

若者とともに学ぶことによって，若者にも学ぶ機会を与えるとともに，若者と理解を深めるという成果も表れている。高齢者の学習機会は，伝統的な教室で学ぶタイプのものから旅行型のものまで様々な形態のものがある。また高齢者用の学習プログラムは，大学，公立図書館，美術館，博物館，教会，高齢者センター (senior centers)，病院，退職者コミュニティー，老人デイケアセンターのほか，公的または私的な機関が提供している。学校を利用した形式的学習から，社会の中での非形式的学習に至るまで，高齢者の学習は，各分野において充実している。今日では，学習内容にデジタルディバイスに関するものが増加していると同時にこれらの情報もインターネットによって入手できるようになる等，時代とともに，高齢者の学習内容と情報提供方法も変化しているといえる。

2 教育機関を活用した学習機会

アメリカの教育機関の多くは，地域の成人に広く開放されている。地域にある高等学校や高等教育機関において成人に提供されているプログラムの中から，高齢者自身が自分で選択することによって，様々な学習をすることができる。1880年代から，高等教育機関は継続教育・生涯教育の充実と普及に力を注ぎ，広く成人一般に対して学習機会を提供してきたが，高齢者に提供するプログラムに関心が払われるようになったのは，1900年代後半になってからである。高齢者のニーズに応えた特別プログラムの提供が増え始めるのは，1970年代であり，70年代を通して量的拡大と質的向上を遂げていったといえる。

アメリカの有力な高齢者団体であるアメリカ退職者協会 (AARP) は，高齢者に対して学習機会が開かれていない当時の状況を打破し高齢者教育を推進するため，1963年に生涯学習協会 (Institute of Lifelong Learning) を設立した。生涯学習協会はその後，高等教育機関を利用した学習センターを精力的に作り高齢者のニーズを満たすプログラムの提供を全国的に展開してきた。現在では高等教育機関が独自に高齢者のための学習センターを設立するに至っている。これらのセンターは，Emeritus College, Senior Scholars, Association for Retired

第3章 社会を変える高齢者の学習機会

Professionals また，Institute for Learning in Retirement 等と呼ばれている。

　これら学習センターは高齢者のあらゆる教育的なニーズに応え，高齢者の新しい能力の開発ならびに興味の追求を援助することを目的としている。高齢者がそれぞれの地域において教育者，指導者，カウンセラー，ボランティアとして貢献することを勇気づける活動をし，さらに第二の職業開発も援助している。

　学習センターによっては，独自のプログラムを開設せず，継続教育学部の無単位プログラムを減額して提供するところや，高齢者授業料減免正規課程授業参加プログラムを利用しているところもある。また，基金をもって，多くのスタッフを雇い独自の運営をしているところもある。高等教育機関を利用した高齢者の学習機会は多種多様な形で展開されているといえる。

　高等教育機関がその教育内容をそのまま高齢者に提供するという特徴をもち，世代間交流が最も顕著にみられるのが，高齢者授業料減免正規課程授業参加プログラムである。教育機関によって名称が異なり，プログラム60（Program 60），ゴールドカード（Gold Card），またはプロジェクトシクスティー（Project Sixty）等と呼ばれている。

　この制度は，現在アメリカのほとんどすべての州で実施されている。1972年のN.A.R.F.E.（The National Association of Retired Federal Employees）の大会において，この制度の法制化推進が決議された後，高齢者のための授業料減免制度確立のための運動が全国的に展開された。その努力は早期に結実し，1974年には10州において，その2年後の1976年には，すでに全米の半数の州において取り入れられることとなった。多くの州では州法として制定しているが，その他は学校単位で行われている。

　大学の正規の授業に席の余裕のある分のみ高齢者を受け入れるというものであるが，高齢者の受講希望者が多く対応しきれない状態も報告されている。授業料は，ほとんどの州が無料としているが，わずかながら徴収するところや，年収に応じた徴収をしているところもある。希望すれば単位取得も可能であるが，正規課程学生と同様の宿題や試験が義務付けられる。通常高齢者は単位取得を目的とせず，宿題や試験から解放され，若い頃とは一味違う学習の喜びを享受している。

オハイオ州立大学においては，1973年「プログラム65」という名のもとに65歳以上の高齢者に大学の正規課程の授業を無料，無単位，席の余裕分のみという条件で開放し，最初の学期は64名の高齢者を受け入れた。1975年，州議会において高齢者授業料減免に関する法案が可決され，年齢を60歳に変更し，州立のすべての高等教育機関で実施されるに至った。

オハイオ州立大学では，「人は，老いない。成長を止めた時に，人は老い始めるのである。プログラム60こそ学習を続けるチャンスである」と「プログラム60は，学習を継続する最高の方法である。新しい友達に会おう，そして若者世代と高齢者世代の間に橋をかけよう」を標語として，高齢者の学習参加を促進した。プログラム60の参加者は，大学の一般学生とまったく同じ特典が得られる。学生証を取得し，大学図書館から大学のレクリエーション施設まで使用し，大学生と同じキャンパスライフを楽しむことができる。

高齢者の授業への参加は，単に高齢者が学習の機会を得て成長していくというだけではない。授業そのものに対してや，ともに学ぶ若者に与える影響が高く評価されているという。すなわち高齢者のもつ授業に対する熱意は，教師にも学生にも良い影響を与える。その上，高齢者が歴史の中での自己の体験を語り，自己の専門分野に関して学生を指導する等，授業全体への貢献が大きい。

実施に関し特筆すべきは，高齢者の積極的な活動姿勢である。受講経験者たちは，新入生に対し，受講手続および科目選択に関するカウンセリングを行い，プログラム実施が円滑かつ効果的に行われるよう協力を惜しまない。

また，ボランティアとして他の分野の事務的作業を手伝うほか，障碍をもつ若い学生の学習やキャンパスでの活動を援助している。さらに，プログラム60アソシエイション（Program 60 Association）を結成し，年会費を集めて運営を行っている。社交の場として高く評価されていると同時に，講演，見学旅行等の教育的機能も果たしている。高齢者の新しい社会が，大学での学習を中心として形成されているのである。[2]近年はインターネット登録ができるほか，大学院や遠隔教育コースへの参加等，高齢者の学習機会として，より一層の発展を遂げている。

このほか，他地域への旅行および宿泊というエルダーホステル・プログラム

(Elder Hostel Program) も高齢者を対象としたものである。社会活動家であり，教育者であるマーティー・ノールトン（Marty Knowlton）によって1975年に，ヨーロッパのユースホステルおよびスカンジナビアのフォークスクールを模して作られた。日曜日の午後から土曜日の朝までの1週間を単位期間とし，毎日3科目の授業の提供があった。1975年の設立時には五つの高等教育機関がプログラムを提供し，200人が参加した。その後急速に拡充していき，1987年には1000を超える高等教育機関が参加していた。その後アメリカとカナダの全州のほか，世界各国によって実施されることとなった。近年は高等教育機関の学習から発展し，旅行型学習プログラムとして，150ヵ国において学習ツアーを実施している。インターネットによってアメリカ・カナダ全土はもとより，世界中からプログラムを見ることができ，参加申し込みをすることができる。

　高齢学習者の学歴は高く，1970年代ですでに，70～90％が大学卒業者で，30％以上が大学院卒業者であるという大学の報告もある。近年，高齢者全体の学歴が高くなっていることから，今後ますます高齢者が高等教育機関を利用する可能性が高まっているといえる[3]。

　また，高齢者の学習機会促進の要因の一つとして忘れてはならないものとして，高齢者の学習能力に関する研究がある。様々な研究により高齢者に十分な学習能力があることが明らかにされてきた。さらにこれらの研究を生かした高齢者にとって有効な学習方法の工夫も加わって，高齢者教育は進展してきたのである。1970年代にはジェームズ・ピーターソン（James A. Peterson）が，「高齢者の知的発達ならびに社会的貢献が不可能であるという神話は，完全に崩壊した[4]」と言い切って，高齢者教育の発展の理由として高齢者の学習能力への期待を挙げるとともに，高齢者教育が充実することを予測している。

　今後の高齢者教育の発展のためにヒームストラ（Roger Hiemstra）らの指摘する手段型活動（instrumental activities）と表現型活動（expressive activities）にプログラムを二分割してのプログラム研究や，成人教育学（アンドラゴジー），自己主導型学習（self-planned learning）を効果的に進める方法また意識変容の学習等，高等教育機関の中で高齢者教育の研究が進められている。高齢者のニーズ調査，学習計画，学習内容，学習方法，学習評価と，高齢者を対象とした教

育の研究が進められることによって，高齢者教育はますます充実したものとなると考えられる。アメリカの高等教育機関は高齢者教育の発展に非常に深いかかわりをもっているということができる。

3 自らの成長と社会創りを目指す AARP（アメリカ退職者協会）

　AARP は，1958年にエセル・アンドラス（Ethel P. Andrus）によって設立された。彼女は1947年に退職教員の協会である NRTA（National Retired Teachers Association）を設立した。AARP は NRTA を母体とし，拡大していったものである。NRTA は，主に退職教員の年金や税金問題を取り扱うための組織であったが，それらは退職教員のみならず，高齢者すべての重要課題であることから高齢者すべてを対象とする組織へと拡大されていったのである。アンドラスは，AARP を創ると同時に，アメリカの高齢者に，年齢を重ねていることは誇るべきことであると訴え，知識や経験を他の人々と分かち合って活動的に生きるよう高齢者に呼びかけた。

　AARP には50歳以上であれば退職しているいないにかかわらず参加することができる。もともとの正式名称は American Associations of Retired Person であったが，今日では Retired という言葉が適さなくなり，AARP となった。AARP は1958年には，5万人の会員であったが，1995年には33万人に，近年では3700万人と，50歳以上の世代の半数弱が参加するといわれている。

　首都ワシントンに本部を置いているほか，カリフォルニアに西部事務所を設け，地域事務局，州事務局のもとで全米50州およびプエルトリコがネットワークされている。また州内には活動単位として支部がある。各個人は支部に所属することを義務づけられているわけではないが，地域に根ざした活動の拠点として支部結成が推奨されている。成文化された規約に基づき，支部長の選出から運営，財務管理が行われている。

　AARP は次の四つを大きな活動の目的として挙げている。すなわち高齢者の生活の質的向上，高齢者の自立と尊厳の増進，加齢の概念の向上および高齢者の社会的役割と位置付けの明確化である。さらに"奉仕されるのではなく，

奉仕をする"という方針を打ち出し，彼らの活動は，単に高齢者の人生の向上にとどまらず，長年積み上げてきた経験と知識をもって社会の向上に貢献し，社会と共に進歩発展しようという明確な意識の上に展開されている。

　AARPにおける活動の特色は，まず第一に自主性が挙げられる。高齢者自らが自分たちの必要とする学習を企画実践していく点である。この自主性が以下の特徴すべてに影響を与えているものと考えられる。第二の際立った特色は，防犯，税金，年金等，学習事項の生活密着性にある。第三は他機関との連携である。あらゆる教育活動の手引きにも公的機関，私的機関等地域の他機関と連絡を取る方法が記されている。この連携が効果的な学習と社会への影響力を生み出している。第四はボランティア活動の推進である。ボランティアは，それぞれの専門家として，その養成や活動を組織的に行い，AARPの維持・発展の中心的役割を担っている。第五はこれらボランティア活動を含めた社会への貢献である。教育活動においては，高齢者の教育のみでなく広く全世代への教育活動を展開し，青少年の識字教育の指導者としての活動等を実施している。第六は，政治活動のための学習から，高等教育機関を利用した学習と，学習領域の広さである。最後は，学習，出版，商品保険販売，広報，啓発等様々な活動をするというその総合性である。

　AARPの活動は教育から福祉，さらに政治と広範にわたり，社会の動向を左右するに至っている。

4　高齢者主体のコミュニティーにおける学習

　教育機関も地域の学習機関として，機能していることはすでにみてきたが，そのほかにも，地域における高齢者の学習を支援する施設が数多くある。なかでも地域の高齢者に学習機会を与える大きな役割を果たしているのが，シニアセンター（Senior Center）である。シニアセンターという語は，非常に広範な施設や活動に対して使用されている。教会や成人教育センター，その他種々の施設が高齢者のために施設の一部を使用して週に数回，高齢者用プログラムを提供するものから，専門スタッフが従事し，専用の独立した施設をもち，週7

日，一日中活動をしているものと様々である。活動内容も，教育活動に重点を置いたものからレクリエーションを中心にしているものと，参加高齢者やその母体となる施設によって様々である。その多種多様な展開が地域に根ざした活動の所以であるということもできる。

1965年成立のオールダー・アメリカン法（Older Americans Act）が1973年に修正された際，シニアセンターの重要性が認められ，連邦の財政援助が強化され，シニアセンターの充実が促進されることとなった。NISC (National Institute of Senior Center) は，シニアセンターの活動の充実を図るためにシニアセンターの定義を明らかにし，その特徴を明確にした。なかでも，マルチパーパス・シニアセンターの特色として，第一に高齢者が個人または団体として集い，センターの中で多くの活動が行われると同時に，センターの外にも活動を広げていくこと。第二に，高齢者が活用できる広範な活動およびサービスを提供すること。第三に，プログラム参加者のみに対してだけでなく地域のすべての人々に対して，加齢にかかわる全情報とサービスの提供を行い，地域のすべての人々に役立つものであることとしている。そのためにセンターは，高齢者および地域のニーズを満たす機能を果たし，高齢者の尊厳と自立のための教育ならびに高齢者が地域の中で地域とともに成長することを支援することを役割としている。

個人の生活の向上だけでなく，センターを通して，高齢者が地域のために地域および国政レベルで政治に参加することや，ボランティアとして病院や子どもの施設で働くことも活動の重点となっている。また，高齢者同士の助け合いや学び合いによって，活動的な市民としてコミュニティーの中で生きていこうとしている。ここで最も重要なことは，高齢者自体が主体となって活動を推進していこうという姿勢である。センターの維持，運営もボランティアとして高齢者が行うところが多い。

1975年から NISC は，三年計画で，シニアセンターの活動内容や，運営方法の基準を作り，各センターの活動の充実を図るとともに，センター自身が自己評価できるシステム作りを行った。このようにシニアセンター自体が地域での有り様を探っていくことは，高齢者の増加とそれに比例した多様化の中で地

域のニーズを満たし，その役割を果たしていくために必要不可欠なことである。今後も発展充実のための努力を怠たらず常に自己評価と改革をすることが，変化する社会の中の生涯学習機関として重要なことと，とらえられている。

その他，OASIS（Older Adult Service and Information System）やシェパーズ・センター（Shepherd's Centers）等，高齢者の自立と生活の充実を支援するための様々な組織がある。また1986年には，シニア・ネット（Senior Net）という高齢者がコンピューター・テクノロジーを学習し，活用するためのネットワークができた。コンピューターの学習場所として，病院，各地の学校，高齢者施設やコミュニティーセンターが施設の一部を提供している。講師は，コンピューター関係の仕事を退職した高齢者がボランティアとして務めている。このシニア・ネットは，非営利の教育団体であり，全米はもとより，世界中に高齢者のネットを巡らし，世界的な高齢者のコミュニティーを作ることを目的としている。

日本にも多くのシニア・ネットが生まれている。日本における研究では，高齢者はインターネットを活用して生活を向上させると同時に，その活用により，集まって学ぶフェイス・トゥ・フェイスの学習機会や，仲間と集うレクリエーション等の活動機会を増加させることが明らかになっている[5]。高齢者のデジタル・デバイスの活用から新しい社会が創られることへの期待は大きい。

アメリカの高齢者の生涯学習は，高齢者の主体的な取り組み，高齢者本人を含むボランティアの協力，スポンサーの支援を特色としているほか，高齢者自身の向上によって，また高齢者各人の能力の発揮によって，地域をはじめ社会全体の向上を図ろうとするものである。

成人教育学者，ポール・バージャヴィン（Paul Bergevin）は，社会を維持し，進歩させるというゴールは，個人の成長成熟という個人的ゴールのもとに成立する。なぜなら社会の発展は個人の成長に依存し，社会は個人の成長に従って発展しているからであると述べている[6]。高齢者教育は，自己実現，生きがいにかかわると同時に，技術革新・社会変化への適応にかかわるものである。この個人の成長は，よりすぐれた社会の建設と民主主義の推進をもたらすものである。これからの高齢社会にあっては，高齢者の生涯学習の在り方が，社会を左

右する重要な課題となっていくものと考えられる。

注
1) Newgarten, Bernice L., "Age Group in American Society and the Rise of the Young-Old", *The Annuls of the American Academy of Political and Social Science*, Vol. 415, 1974, pp. 191-196.
2) 西岡正子「アメリカの高等教育機関における高齢者教育」『佛教大学教育学部論集』第1号, 1989年.
3) 同上書.
4) Peterson, James A., "Frontiers in the Education of the Elderly", *Adult Leader Ship*, 24, 1976, p. 170.
5) 西岡正子「高齢者のパソコン, タブレット, インターネットの活用と生活の充実・向上——個性を重視した学習と社会的繋がりを求めて」『2012年度日本興亜福祉財団 ジェロントロジー研究報告』No. 12, 2014年発行予定.
6) Bergevin, Paul A., *Philosophy for Adult Education*, New York: The Seabury Press, 1967.

資　料　編

1　生涯学習社会構築への歩み（年表）
2　生涯学習関連法規・資料
　　教育基本法　社会教育法（抄）　生涯学習の振興のための施策の推進体制
　　等の整備に関する法律　図書館法（抄）　博物館法（抄）
3　中央教育審議会答申（生涯学習関連），生涯学習審議会答申 URL

資料1　生涯学習社会構築への歩み

年	事　項
1965（昭和40）年	ユネスコ第3回成人教育国際会議で「生涯教育」提唱
1970（昭和45）年	OECD『Equal Educational Opportunity —a statement of the problem with special reference to recurrent education—（教育の機会均等）』
1971（昭和46）年	社会教育審議会答申『急激な社会構造の変化に対処する社会教育のあり方について』 中央教育審議会答申『今後における学校教育の総合的な拡充整備のための基本的施策について』
1972（昭和47）年	ユネスコ教育開発国際委員会報告書『未来の学習（Learning to be—The world of education today and tomorrow）』（フォール報告）
1973（昭和48）年	カーネギー高等教育委員会報告書『Toward a Learning Society : Alternative Channels to life, Work and Service（学習社会を目指して—生活と労働と奉仕に向かうさまざまな道）』 OECD『Recurrent Education 1973（リカレント教育1973）』
1975（昭和50）年	国連　国際婦人年
1976（昭和51）年	第19回ユネスコ総会「成人教育の発展に関する勧告（Recommendation on the Development of Adult Education）」採択
1979（昭和54）年	国連　女性差別撤廃条約採択 ローマクラブ第6報告書『限界なき学習』
1981（昭和56）年	中央教育審議会答申『生涯教育について』
1982（昭和57）年	国連　第1回高齢者問題世界会議『高齢者問題国際行動計画』採択
1984（昭和59）年	臨時教育審議会発足
1985（昭和60）年	ユネスコ第4回国際成人教育会議「学習権宣言」 臨時教育審議会答申『教育改革に関する第一次答申』
1986（昭和61）年	臨時教育審議会答申『教育改革に関する第二次答申』
1987（昭和62）年	臨時教育審議会答申『教育改革に関する第三次答申』 臨時教育審議会答申『教育改革に関する第四次答申（最終答申）』 内閣府男女共同参画局『西暦2000年に向けての新国内行動計画』策定
1988（昭和63）年	文部省　生涯学習局を新設，体育局に生涯スポーツ課設置
1989（平成元）年	第1回生涯学習フェスティバル開催 国連総会「児童の権利に関する条約」採択
1990（平成2）年	中央教育審議会答申『生涯学習の基盤整備について』 「生涯学習の振興のための施策の推進体制等の整備に関する法律」公布 文部省　生涯学習審議会発足

年	事項
1991（平成3）年	中央教育審議会答申『新しい時代に対応する教育の諸制度の改革について』 大学設置基準の改正（科目等履修生制度や昼夜開講制等） 国連「高齢者のための国連原則」採択
1992（平成4）年	生涯学習審議会答申『今後の社会の動向に対応した生涯学習の振興方策について』
1994（平成6）年	総理府　男女共同参画室設置
1996（平成8）年	ユネスコ21世紀教育国際委員会報告書『学習：秘められた宝（Learning：The Treasure Within）』（ドロール報告） 生涯学習審議会答申『地域における生涯学習機会の充実方策について』 中央教育審議会答申『21世紀を展望した我が国の教育の在り方について（第一次答申）』
1997（平成9）年	中央教育審議会答申『21世紀を展望した我が国の教育の在り方について（第二次答申）』 ユネスコ第5回国際成人教育会議「成人学習に関するハンブルク宣言」
1998（平成10）年	生涯学習審議会答申『社会の変化に対応した今後の社会教育行政の在り方について』 中央教育審議会答申『今後の地方教育行政の在り方について』
1999（平成11）年	生涯学習審議会答申『学習成果を幅広く生かす―生涯学習の成果を生かすための方策について―』 生涯学習審議会答申『生活体験・自然体験が日本の子どもの心をはぐくむ―「青少年の「生きる力」をはぐくむ地域社会の環境の充実方策について」―』 国連　国際高齢者年
2002（平成14）年	国連　第2回高齢者問題世界会議『高齢化に関するマドリッド国際行動計画』採択
2003（平成15）年	中央教育審議会答申『新しい時代にふさわしい教育基本法と教育振興基本計画の在り方について』
2006（平成18）年	教育基本法改正，生涯学習の理念新設
2008（平成20）年	社会教育法改正　図書館法改正　博物館法改正 中央教育審議会答申『新しい時代を切り拓く生涯学習の振興方策について～知の循環型社会の構築を目指して～』
2009（平成21）年	ユネスコ第6回国際成人教育会議「行動のためのベレン・フレームワーク」
2010（平成22）年	OECD『Learning for Jobs―Synthesis Report of the OECD Review of Vocational Education Training―（仕事のための学習）』
2013（平成25）年	中央教育審議会答申『第2期教育振興基本計画について』 中央教育審議会生涯学習分科会『第6期中央教育審議会生涯学習分科会における議論の整理』

資料2　生涯学習関連法規・資料

教育基本法
（平成18年法律第120号）

我々日本国民は，たゆまぬ努力によって築いてきた民主的で文化的な国家を更に発展させるとともに，世界の平和と人類の福祉の向上に貢献することを願うものである。

我々は，この理想を実現するため，個人の尊厳を重んじ，真理と正義を希求し，公共の精神を尊び，豊かな人間性と創造性を備えた人間の育成を期するとともに，伝統を継承し，新しい文化の創造を目指す教育を推進する。

ここに，我々は，日本国憲法の精神にのっとり，我が国の未来を切り拓（ひら）く教育の基本を確立し，その振興を図るため，この法律を制定する。

第1章　教育の目的及び理念

（教育の目的）
第1条　教育は，人格の完成を目指し，平和で民主的な国家及び社会の形成者として必要な資質を備えた心身ともに健康な国民の育成を期して行われなければならない。

（教育の目標）
第2条　教育は，その目的を実現するため，学問の自由を尊重しつつ，次に掲げる目標を達成するよう行われるものとする。
一　幅広い知識と教養を身に付け，真理を求める態度を養い，豊かな情操と道徳心を培うとともに，健やかな身体を養うこと。
二　個人の価値を尊重して，その能力を伸ばし，創造性を培い，自主及び自律の精神を養うとともに，職業及び生活との関連を重視し，勤労を重んずる態度を養うこと。
三　正義と責任，男女の平等，自他の敬愛と協力を重んずるとともに，公共の精神に基づき，主体的に社会の形成に参画し，その発展に寄与する態度を養うこと。
四　生命を尊び，自然を大切にし，環境の保全に寄与する態度を養うこと。
五　伝統と文化を尊重し，それらをはぐくんできた我が国と郷土を愛するとともに，他国を尊重し，国際社会の平和と発展に寄与する態度を養うこと。

（生涯学習の理念）
第3条　国民一人一人が，自己の人格を磨き，豊かな人生を送ることができるよう，その生涯にわたって，あらゆる機会に，あらゆる場所において学習することができ，その成果を適切に生かすことのできる社会の実現が図られなければならない。

（教育の機会均等）
第4条　すべて国民は，ひとしく，その能力に応じた教育を受ける機会を与えられなければならず，人種，信条，性別，社会的身分，経済的地位又は門地によって，教育上差別されない。
2　国及び地方公共団体は，障害のある者が，その障害の状態に応じ，十分な教育を受けられるよう，教育上必要な支援を講じなければならない。
3　国及び地方公共団体は，能力があるにもかかわらず，経済的理由によって修学が困難な者に対して，奨学の措置を講じなければならない。

第2章　教育の実施に関する基本

（義務教育）
第5条　国民は，その保護する子に，別に法律で定めるところにより，普通教育を受けさせる義務を負う。
2　義務教育として行われる普通教育は，各個人の有する能力を伸ばしつつ社会において自立的に生きる基礎を培い，また，国家及び社会の形成者として必要とされる基本的な資質を養うことを目的として行われるものとする。
3　国及び地方公共団体は，義務教育の機会を保障し，その水準を確保するため，適切な役割分担及び相互の協力の下，その実施に責任を負う。
4　国又は地方公共団体の設置する学校における義務教育については，授業料を徴収しない。

（学校教育）

第6条　法律に定める学校は，公の性質を有するものであって，国，地方公共団体及び法律に定める法人のみが，これを設置することができる。
2　前項の学校においては，教育の目標が達成されるよう，教育を受ける者の心身の発達に応じて，体系的な教育が組織的に行われなければならない。この場合において，教育を受ける者が，学校生活を営む上で必要な規律を重んずるとともに，自ら進んで学習に取り組む意欲を高めることを重視して行われなければならない。
（大学）
第7条　大学は，学術の中心として，高い教養と専門的能力を培うとともに，深く真理を探究して新たな知見を創造し，これらの成果を広く社会に提供することにより，社会の発展に寄与するものとする。
2　大学については，自主性，自律性その他の大学における教育及び研究の特性が尊重されなければならない。
（私立学校）
第8条　私立学校の有する公の性質及び学校教育において果たす重要な役割にかんがみ，国及び地方公共団体は，その自主性を尊重しつつ，助成その他の適当な方法によって私立学校教育の振興に努めなければならない。
（教員）
第9条　法律に定める学校の教員は，自己の崇高な使命を深く自覚し，絶えず研究と修養に励み，その職責の遂行に努めなければならない。
2　前項の教員については，その使命と職責の重要性にかんがみ，その身分は尊重され，待遇の適正が期せられるとともに，養成と研修の充実が図られなければならない。
（家庭教育）
第10条　父母その他の保護者は，子の教育について第一義的責任を有するものであって，生活のために必要な習慣を身に付けさせるとともに，自立心を育成し，心身の調和のとれた発達を図るよう努めるものとする。
2　国及び地方公共団体は，家庭教育の自主性を尊重しつつ，保護者に対する学習の機会及び情報の提供その他の家庭教育を支援するために必要な施策を講ずるよう努めなければならない。
（幼児期の教育）
第11条　幼児期の教育は，生涯にわたる人格形成の基礎を培う重要なものであることにかんがみ，国及び地方公共団体は，幼児の健やかな成長に資する良好な環境の整備その他適当な方法によって，その振興に努めなければならない。
（社会教育）
第12条　個人の要望や社会の要請にこたえ，社会において行われる教育は，国及び地方公共団体によって奨励されなければならない。
2　国及び地方公共団体は，図書館，博物館，公民館その他の社会教育施設の設置，学校の施設の利用，学習の機会及び情報の提供その他の適当な方法によって社会教育の振興に努めなければならない。
（学校，家庭及び地域住民等の相互の連携協力）
第13条　学校，家庭及び地域住民その他の関係者は，教育におけるそれぞれの役割と責任を自覚するとともに，相互の連携及び協力に努めるものとする。
（政治教育）
第14条　良識ある公民として必要な政治的教養は，教育上尊重されなければならない。
2　法律に定める学校は，特定の政党を支持し，又はこれに反対するための政治教育その他政治的活動をしてはならない。
（宗教教育）
第15条　宗教に関する寛容の態度，宗教に関する一般的な教養及び宗教の社会生活における地位は，教育上尊重されなければならない。
2　国及び地方公共団体が設置する学校は，特定の宗教のための宗教教育その他宗教的活動をしてはならない。

第3章　教育行政

（教育行政）
第16条　教育は，不当な支配に服することなく，この法律及び他の法律の定めるところにより行われるべきものであり，教育行政は，国と地方公共団体との適切な役割分担及び相互の協力の下，公正かつ適正に行われなければならない。
2　国は，全国的な教育の機会均等と教育水

準の維持向上を図るため，教育に関する施策を総合的に策定し，実施しなければならない。
3　地方公共団体は，その地域における教育の振興を図るため，その実情に応じた教育に関する施策を策定し，実施しなければならない。
4　国及び地方公共団体は，教育が円滑かつ継続的に実施されるよう，必要な財政上の措置を講じなければならない。
（教育振興基本計画）
第17条　政府は，教育の振興に関する施策の総合的かつ計画的な推進を図るため，教育の振興に関する施策についての基本的な方針及び講ずべき施策その他必要な事項について，基本的な計画を定め，これを国会に報告するとともに，公表しなければならない。
2　地方公共団体は，前項の計画を参酌し，その地域の実情に応じ，当該地方公共団体における教育の振興のための施策に関する基本的な計画を定めるよう努めなければならない。

第4章　法令の制定

第18条　この法律に規定する諸条項を実施するため，必要な法令が制定されなければならない。

社会教育法（抄）
（昭和24年6月10日法律第207号）

第1章　総　則

（この法律の目的）
第1条　この法律は，教育基本法（平成18年法律第120号）の精神に則り，社会教育に関する国及び地方公共団体の任務を明らかにすることを目的とする。
（社会教育の定義）
第2条　この法律で「社会教育」とは，学校教育法（昭和22年法律第26号）に基き，学校の教育課程として行われる教育活動を除き，主として青少年及び成人に対して行われる組織的な教育活動（体育及びレクリエーションの活動を含む。）をいう。
（国及び地方公共団体の任務）
第3条　国及び地方公共団体は，この法律及び他の法令の定めるところにより，社会教育の奨励に必要な施設の設置及び運営，集会の開催，資料の作製，頒布その他の方法により，すべての国民があらゆる機会，あらゆる場所を利用して，自ら実際生活に即する文化的教養を高め得るような環境を醸成するように努めなければならない。
2　国及び地方公共団体は，前項の任務を行うに当たつては，国民の学習に対する多様な需要を踏まえ，これに適切に対応するために必要な学習の機会の提供及びその奨励を行うことにより，生涯学習の振興に寄与することとなるよう努めるものとする。
3　国及び地方公共団体は，第一項の任務を行うに当たつては，社会教育が学校教育及び家庭教育との密接な関連性を有することにかんがみ，学校教育との連携の確保に努め，及び家庭教育の向上に資することとなるよう必要な配慮をするとともに，学校，家庭及び地域住民その他の関係者相互間の連携及び協力の促進に資することとなるよう努めるものとする。
（図書館及び博物館）
第9条　図書館及び博物館は，社会教育のための機関とする。

第2章　社会教育主事及び社会教育主事補

（社会教育主事及び社会教育主事補の設置）
第9条の2　都道府県及び市町村の教育委員会の事務局に，社会教育主事を置く。
2　都道府県及び市町村の教育委員会の事務局に，社会教育主事補を置くことができる。
（社会教育主事及び社会教育主事補の職務）
第9条の3　社会教育主事は，社会教育を行う者に専門的技術的な助言と指導を与える。ただし，命令及び監督をしてはならない。
2　社会教育主事は，学校が社会教育関係団体，地域住民その他の関係者の協力を得て教育活動を行う場合には，その求めに応じて，必要な助言を行うことができる。
3　社会教育主事補は，社会教育主事の職務を助ける。

第3章　社会教育関係団体

（社会教育関係団体の定義）
第10条　この法律で「社会教育関係団体」とは，法人であると否とを問わず，公の支配に

属しない団体で社会教育に関する事業を行うことを主たる目的とするものをいう。

第4章　社会教育委員

（社会教育委員の構成）
第15条　都道府県及び市町村に社会教育委員を置くことができる。
2　社会教育委員は，学校教育及び社会教育の関係者，家庭教育の向上に資する活動を行う者並びに学識経験のある者の中から，教育委員会が委嘱する。
（社会教育委員の職務）
第17条　社会教育委員は，社会教育に関し教育長を経て教育委員会に助言するため，左の職務を行う。
　一　社会教育に関する諸計画を立案すること。
　二　定時又は臨時に会議を開き，教育委員会の諮問に応じ，これに対して，意見を述べること。
　三　前二号の職務を行うために必要な研究調査を行うこと。
2　社会教育委員は，教育委員会の会議に出席して社会教育に関し意見を述べることができる。
3　市町村の社会教育委員は，当該市町村の教育委員会から委嘱を受けた青少年教育に関する特定の事項について，社会教育関係団体，社会教育指導者その他関係者に対し，助言と指導を与えることができる。
（社会教育委員の定数等）
第18条　社会教育委員の定数，任期その他必要な事項は，当該地方公共団体の条例で定める。

第5章　公民館

（目的）
第20条　公民館は，市町村その他一定区域内の住民のために，実際生活に即する教育，学術及び文化に関する各種の事業を行い，もつて住民の教養の向上，健康の増進，情操の純化を図り，生活文化の振興，社会福祉の増進に寄与することを目的とする。
（公民館の設置者）
第21条　公民館は，市町村が設置する。
2　前項の場合を除く外，公民館は，公民館設置の目的をもつて民法第34条の規定により設立する法人（この章中以下「法人」という。）でなければ設置することができない。
3　公民館の事業の運営上必要があるときは，公民館に分館を設けることができる。
（公民館の事業）
第22条　公民館は，第20条の目的達成のために，おおむね，左の事業を行う。但し，この法律及び他の法令によつて禁じられたものは，この限りでない。
　一　定期講座を開設すること。
　二　討論会，講習会，講演会，実習会，展示会等を開催すること。
　三　図書，記録，模型，資料等を備え，その利用を図ること。
　四　体育，レクリエーション等に関する集会を開催すること。
　五　各種の団体，機関等の連絡を図ること。
　六　その施設を住民の集会その他の公共的利用に供すること。
（公民館の運営方針）
第23条　公民館は，次の行為を行つてはならない。
　一　もつぱら営利を目的として事業を行い，特定の営利事務に公民館の名称を利用させその他営利事業を援助すること。
　二　特定の政党の利害に関する事業を行い，又は公私の選挙に関し，特定の候補者を支持すること。
2　市町村の設置する公民館は，特定の宗教を支持し，又は特定の教派，宗派若しくは教団を支援してはならない。
（公民館の基準）
第23条の2　文部科学大臣は，公民館の健全な発達を図るために，公民館の設置及び運営上必要な基準を定めるものとする。
2　文部科学大臣及び都道府県の教育委員会は，市町村の設置する公民館が前項の基準に従つて設置され及び運営されるように，当該市町村に対し，指導，助言その他の援助に努めるものとする。
（公民館の職員）
第27条　公民館に館長を置き，主事その他必要な職員を置くことができる。
2　館長は，公民館の行う各種の事業の企画実施その他必要な事務を行い，所属職員を監

督する。

3　主事は，館長の命を受け，公民館の事業の実施にあたる。

（公民館運営審議会）

第29条　公民館に公民館運営審議会を置くことができる。

2　公民館運営審議会は，館長の諮問に応じ，公民館における各種の事業の企画実施につき調査審議するものとする。

第30条　市町村の設置する公民館にあつては，公民館運営審議会の委員は，学校教育及び社会教育の関係者，家庭教育の向上に資する活動を行う者並びに学識経験のある者の中から，市町村の教育委員会が委嘱する。

2　前項の公民館運営審議会の委員の定数，任期その他必要な事項は，市町村の条例で定める。

第6章　学校施設の利用

（学校施設の利用）

第44条　学校（国立学校又は公立学校をいう。以下この章において同じ。）の管理機関は，学校教育上支障がないと認める限り，その管理する学校の施設を社会教育のために利用に供するように努めなければならない。

2　前項において「学校の管理機関」とは，国立学校にあつては設置者である国立大学法人（国立大学法人法（平成15年法律第112号）第2条第1項に規定する国立大学法人をいう。）の学長又は独立行政法人国立高等専門学校機構の理事長，公立学校のうち，大学にあつては設置者である地方公共団体の長又は公立大学法人（地方独立行政法人法（平成15年法律第118号）第68条第1項に規定する公立大学法人をいう。以下この項及び第48条第1項において同じ。）の理事長，高等専門学校にあつては設置者である地方公共団体に設置されている教育委員会又は公立大学法人の理事長，大学及び高等専門学校以外の学校にあつては設置者である地方公共団体に設置されている教育委員会をいう。

生涯学習の振興のための施策の推進体制等の整備に関する法律
（平成2年6月29日法律第71号）

（目的）

第1条　この法律は，国民が生涯にわたって学習する機会があまねく求められている状況にかんがみ，生涯学習の振興に資するための都道府県の事業に関しその推進体制の整備その他の必要な事項を定め，及び特定の地区において生涯学習に係る機会の総合的な提供を促進するための措置について定めるとともに，都道府県生涯学習審議会の事務について定める等の措置を講ずることにより，生涯学習の振興のための施策の推進体制及び地域における生涯学習に係る機会の整備を図り，もって生涯学習の振興に寄与することを目的とする。

（施策における配慮等）

第2条　国及び地方公共団体は，この法律に規定する生涯学習の振興のための施策を実施するに当たっては，学習に関する国民の自発的意思を尊重するよう配慮するとともに，職業能力の開発及び向上，社会福祉等に関し生涯学習に資するための別に講じられる施策と相まって，効果的にこれを行うよう努めるものとする。

（生涯学習の振興に資するための都道府県の事業）

第3条　都道府県の教育委員会は，生涯学習の振興に資するため，おおむね次の各号に掲げる事業について，これらを相互に連携させつつ推進するために必要な体制の整備を図りつつ，これらを一体的かつ効果的に実施するよう努めるものとする。

一　学校教育及び社会教育に係る学習（体育に係るものを含む。以下この項において「学習」という。）並びに文化活動の機会に関する情報を収集し，整理し，及び提供すること。

二　住民の学習に対する需要及び学習の成果の評価に関し，調査研究を行うこと。

三　地域の実情に即した学習の方法の開発を行うこと。

四　住民の学習に関する指導者及び助言者に対する研修を行うこと。

五　地域における学校教育，社会教育及び文化に関する機関及び団体に対し，これらの機関及び団体相互の連携に関し，照会及び相談に応じ，並びに助言その他の援助を行うこと。
　六　前各号に掲げるもののほか，社会教育のための講座の開設その他の住民の学習の機会の提供に関し必要な事業を行うこと。
２　都道府県の教育委員会は，前項に規定する事業を行うに当たっては，社会教育関係団体その他の地域において生涯学習に資する事業を行う機関及び団体との連携に努めるものとする。
（都道府県の事業の推進体制の整備に関する基準）
第４条　文部科学大臣は，生涯学習の振興に資するため，都道府県の教育委員会が行う前条第一項に規定する体制の整備に関し望ましい基準を定めるものとする。
２　文部科学大臣は，前項の基準を定めようとするときは，あらかじめ，審議会等（国家行政組織法（昭和23年法律第120号）第８条に規定する機関をいう。以下同じ。）で政令で定めるものの意見を聴かなければならない。これを変更しようとするときも，同様とする。
（地域生涯学習振興基本構想）
第５条　都道府県は，当該都道府県内の特定の地区において，当該地区及びその周辺の相当程度広範囲の地域における住民の生涯学習の振興に資するため，社会教育に係る学習（体育に係るものを含む。）及び文化活動その他の生涯学習に資する諸活動の多様な機会の総合的な提供を民間事業者の能力を活用しつつ行うことに関する基本的な構想（以下「基本構想」という。）を作成することができる。
２　基本構想においては，次に掲げる事項について定めるものとする。
　一　前項に規定する多様な機会（以下「生涯学習に係る機会」という。）の総合的な提供の方針に関する事項
　二　前項に規定する地区の区域に関する事項
　三　総合的な提供を行うべき生涯学習に係る機会（民間事業者により提供されるものを含む。）の種類及び内容に関する基本的な事項
　四　前号に規定する民間事業者に対する資金の融通の円滑化その他の前項に規定する地区において行われる生涯学習に係る機会の総合的な提供に必要な業務であって政令で定めるものを行う者及び当該業務の運営に関する事項
　五　その他生涯学習に係る機会の総合的な提供に関する重要事項
３　都道府県は，基本構想を作成しようとするときは，あらかじめ，関係市町村に協議しなければならない。
４　都道府県は，基本構想を作成しようとするときは，前項の規定による協議を経た後，文部科学大臣及び経済産業大臣に協議することができる。
５　文部科学大臣及び経済産業大臣は，前項の規定による協議を受けたときは，都道府県が作成しようとする基本構想が次の各号に該当するものであるかどうかについて判断するものとする。
　一　当該基本構想に係る地区が，生涯学習に係る機会の提供の程度が著しく高い地域であって政令で定めるもの以外の地域のうち，交通条件及び社会的自然的条件からみて生涯学習に係る機会の総合的な提供を行うことが相当と認められる地区であること。
　二　当該基本構想に係る生涯学習に係る機会の総合的な提供が当該基本構想に係る地区及びその周辺の相当程度広範囲の地域における住民の生涯学習に係る機会に対する要請に適切にこたえるものであること。
　三　その他文部科学大臣及び経済産業大臣が判断に当たっての基準として次条の規定により定める事項（以下「判断基準」という。）に適合するものであること。
６　文部科学大臣及び経済産業大臣は，基本構想につき前項の判断をするに当たっては，あらかじめ，関係行政機関の長に協議するとともに，文部科学大臣にあっては前条第二項の政令で定める審議会等の意見を，経済産業大臣にあっては産業構造審議会の意見をそれぞれ聴くものとし，前項各号に該当するものであると判断するに至ったときは，速やかにその旨を当該都道府県に通知するものとする。
７　都道府県は，基本構想を作成したときは，遅滞なく，これを公表しなければならない。

8 　第三項から前項までの規定は，基本構想の変更（文部科学省令，経済産業省令で定める軽微な変更を除く。）について準用する。
(判断基準)
第6条　判断基準においては，次に掲げる事項を定めるものとする。
　一　生涯学習に係る機会の総合的な提供に関する基本的な事項
　二　前条第一項に規定する地区の設定に関する基本的な事項
　三　総合的な提供を行うべき生涯学習に係る機会（民間事業者により提供されるものを含む。）の種類及び内容に関する基本的な事項
　四　生涯学習に係る機会の総合的な提供に必要な事業に関する基本的な事項
　五　生涯学習に係る機会の総合的な提供に際し配慮すべき重要事項
2　文部科学大臣及び経済産業大臣は，判断基準を定めるに当たっては，あらかじめ，総務大臣その他関係行政機関の長に協議するとともに，文部科学大臣にあっては第四条第二項の政令で定める審議会等の意見を，経済産業大臣にあっては産業構造審議会の意見をそれぞれ聴かなければならない。
3　文部科学大臣及び経済産業大臣は，判断基準を定めたときは，遅滞なく，これを公表しなければならない。
4　前二項の規定は，判断基準の変更について準用する。
第7条　削除
(基本構想の実施等)
第8条　都道府県は，関係民間事業者の能力を活用しつつ，生涯学習に係る機会の総合的な提供を基本構想に基づいて計画的に行うよう努めなければならない。
2　文部科学大臣は，基本構想の円滑な実施の促進のため必要があると認めるときは，社会教育関係団体及び文化に関する団体に対し必要な協力を求めるものとし，かつ，関係地方公共団体及び関係事業者等の要請に応じ，その所管に属する博物館資料の貸出しを行うよう努めるものとする。
3　経済産業大臣は，基本構想の円滑な実施の促進のため必要があると認めるときは，商工会議所及び商工会に対し，これらの団体及びその会員による生涯学習に係る機会の提供その他の必要な協力を求めるものとする。
4　前二項に定めるもののほか，文部科学大臣及び経済産業大臣は，基本構想の作成及び円滑な実施の促進のため，関係地方公共団体に対し必要な助言，指導その他の援助を行うよう努めなければならない。
5　前三項に定めるもののほか，文部科学大臣，経済産業大臣，関係行政機関の長，関係地方公共団体及び関係事業者は，基本構想の円滑な実施が促進されるよう，相互に連携を図りながら協力しなければならない。
第9条　削除
(都道府県生涯学習審議会)
第10条　都道府県に，都道府県生涯学習審議会（以下「都道府県審議会」という。）を置くことができる。
2　都道府県審議会は，都道府県の教育委員会又は知事の諮問に応じ，当該都道府県の処理する事務に関し，生涯学習に資するための施策の総合的な推進に関する重要事項を調査審議する。
3　都道府県審議会は，前項に規定する事項に関し必要と認める事項を当該都道府県の教育委員会又は知事に建議することができる。
4　前三項に定めるもののほか，都道府県審議会の組織及び運営に関し必要な事項は，条例で定める。
(市町村の連携協力体制)
第11条　市町村（特別区を含む。）は，生涯学習の振興に資するため，関係機関及び関係団体等との連携協力体制の整備に努めるものとする。

図書館法（抄）
（昭和25年4月30日法律第118号）

第1章　総　則

(この法律の目的)
第1条　この法律は，社会教育法（昭和24年法律第207号）の精神に基き，図書館の設置及び運営に関して必要な事項を定め，その健全な発達を図り，もつて国民の教育と文化の発展に寄与することを目的とする。
(定義)

第2条　この法律において「図書館」とは，図書，記録その他必要な資料を収集し，整理し，保存して，一般公衆の利用に供し，その教養，調査研究，レクリエーション等に資することを目的とする施設で，地方公共団体，日本赤十字社又は一般社団法人若しくは一般財団法人が設置するもの（学校に附属する図書館又は図書室を除く。）をいう。

2　前項の図書館のうち，地方公共団体の設置する図書館を公立図書館といい，日本赤十字社又は一般社団法人若しくは一般財団法人の設置する図書館を私立図書館という。
（図書館奉仕）

第3条　図書館は，図書館奉仕のため，土地の事情及び一般公衆の希望に沿い，更に学校教育を援助し，及び家庭教育の向上に資することとなるように留意し，おおむね次に掲げる事項の実施に努めなければならない。

　一　郷土資料，地方行政資料，美術品，レコード及びフィルムの収集にも十分留意して，図書，記録，視聴覚教育の資料その他必要な資料（電磁的記録（電子的方式，磁気的方式その他人の知覚によつては認識することができない方式で作られた記録をいう。）を含む。以下「図書館資料」という。）を収集し，一般公衆の利用に供すること。

　二　図書館資料の分類排列を適切にし，及びその目録を整備すること。

　三　図書館の職員が図書館資料について十分な知識を持ち，その利用のための相談に応ずるようにすること。

　四　他の図書館，国立国会図書館，地方公共団体の議会に附置する図書室及び学校に附属する図書館又は図書室と緊密に連絡し，協力し，図書館資料の相互貸借を行うこと。

　五　分館，閲覧所，配本所等を設置し，及び自動車文庫，貸出文庫の巡回を行うこと。

　六　読書会，研究会，鑑賞会，映写会，資料展示会等を主催し，及びこれらの開催を奨励すること。

　七　時事に関する情報及び参考資料を紹介し，及び提供すること。

　八　社会教育における学習の機会を利用して行つた学習の成果を活用して行う教育活動その他の活動の機会を提供し，及びその提供を奨励すること。

　九　学校，博物館，公民館，研究所等と緊密に連絡し，協力すること。
（司書及び司書補）

第4条　図書館に置かれる専門的職員を司書及び司書補と称する。

2　司書は，図書館の専門的事務に従事する。

3　司書補は，司書の職務を助ける。
（職員）

第13条　公立図書館に館長並びに当該図書館を設置する地方公共団体の教育委員会が必要と認める専門的職員，事務職員及び技術職員を置く。

2　館長は，館務を掌理し，所属職員を監督して，図書館奉仕の機能の達成に努めなければならない。
（図書館協議会）

第14条　公立図書館に図書館協議会を置くことができる。

2　図書館協議会は，図書館の運営に関し館長の諮問に応ずるとともに，図書館の行う図書館奉仕につき，館長に対して意見を述べる機関とする。

第15条　図書館協議会の委員は，当該図書館を設置する地方公共団体の教育委員会が任命する。

第16条　図書館協議会の設置，その委員の任命の基準，定数及び任期その他図書館協議会に関し必要な事項については，当該図書館を設置する地方公共団体の条例で定めなければならない。この場合において，委員の任命の基準については，文部科学省令で定める基準を参酌するものとする。
（入館料等）

第17条　公立図書館は，入館料その他図書館資料の利用に対するいかなる対価をも徴収してはならない。
（都道府県の教育委員会との関係）

第25条　都道府県の教育委員会は，私立図書館に対し，指導資料の作製及び調査研究のために必要な報告を求めることができる。

2　都道府県の教育委員会は，私立図書館に対し，その求めに応じて，私立図書館の設置及び運営に関して，専門的，技術的の指導又は助言を与えることができる。

博物館法（抄）
（昭和26年12月1日法律第285号）

第1章　総則

（この法律の目的）
第1条　この法律は，社会教育法（昭和24年法律第207号）の精神に基き，博物館の設置及び運営に関して必要な事項を定め，その健全な発達を図り，もつて国民の教育，学術及び文化の発展に寄与することを目的とする。

（定義）
第2条　この法律において「博物館」とは，歴史，芸術，民俗，産業，自然科学等に関する資料を収集し，保管（育成を含む。以下同じ。）し，展示して教育的配慮の下に一般公衆の利用に供し，その教養，調査研究，レクリエーション等に資するために必要な事業を行い，あわせてこれらの資料に関する調査研究をすることを目的とする機関（社会教育法による公民館及び図書館法（昭和25年法律第118号）による図書館を除く。）のうち，地方公共団体，一般社団法人若しくは一般財団法人，宗教法人又は政令で定めるその他の法人（独立行政法人（独立行政法人通則法（平成11年法律第103号）第2条第1項に規定する独立行政法人をいう。第29条において同じ。）を除く。）が設置するもので次章の規定による登録を受けたものをいう。

2　この法律において，「公立博物館」とは，地方公共団体の設置する博物館をいい，「私立博物館」とは，一般社団法人若しくは一般財団法人，宗教法人又は前項の政令で定める法人の設置する博物館をいう。

3　この法律において「博物館資料」とは，博物館が収集し，保管し，又は展示する資料（電磁的記録（電子的方式，磁気的方式その他人の知覚によつては認識することができない方式で作られた記録をいう。）を含む。）をいう。

（博物館の事業）
第3条　博物館は，前条第一項に規定する目的を達成するため，おおむね次に掲げる事業を行う。

一　実物，標本，模写，模型，文献，図表，写真，フィルム，レコード等の博物館資料を豊富に収集し，保管し，及び展示すること。

二　分館を設置し，又は博物館資料を当該博物館外で展示すること。

三　一般公衆に対して，博物館資料の利用に関し必要な説明，助言，指導等を行い，又は研究室，実験室，工作室，図書室等を設置してこれを利用させること。

四　博物館資料に関する専門的，技術的な調査研究を行うこと。

五　博物館資料の保管及び展示等に関する技術的研究を行うこと。

六　博物館資料に関する案内書，解説書，目録，図録，年報，調査研究の報告書等を作成し，及び頒布すること。

七　博物館資料に関する講演会，講習会，映写会，研究会等を主催し，及びその開催を援助すること。

八　当該博物館の所在地又はその周辺にある文化財保護法（昭和25五年法律第214号）の適用を受ける文化財について，解説書又は目録を作成する等一般公衆の当該文化財の利用の便を図ること。

九　社会教育における学習の機会を利用して行つた学習の成果を活用して行う教育活動その他の活動の機会を提供し，及びその提供を奨励すること。

十　他の博物館，博物館と同一の目的を有する国の施設等と緊密に連絡し，協力し，刊行物及び情報の交換，博物館資料の相互貸借等を行うこと。

十一　学校，図書館，研究所，公民館等の教育，学術又は文化に関する諸施設と協力し，その活動を援助すること。

2　博物館は，その事業を行うに当つては，土地の事情を考慮し，国民の実生活の向上に資し，更に学校教育を援助し得るようにも留意しなければならない。

（館長，学芸員その他の職員）
第4条　博物館に，館長を置く。

2　館長は，館務を掌理し，所属職員を監督して，博物館の任務の達成に努める。

3　博物館に，専門的職員として学芸員を置く。

4　学芸員は，博物館資料の収集，保管，展

示及び調査研究その他これと関連する事業についての専門的事項をつかさどる。
5　博物館に，館長及び学芸員のほか，学芸員補その他の職員を置くことができる。
6　学芸員補は，学芸員の職務を助ける。

第3章　公立博物館

(設置)
第18条　公立博物館の設置に関する事項は，当該博物館を設置する地方公共団体の条例で定めなければならない。
(所管)
第19条　公立博物館は，当該博物館を設置する地方公共団体の教育委員会の所管に属する。
(博物館協議会)
第20条　公立博物館に，博物館協議会を置くことができる。
2　博物館協議会は，博物館の運営に関し館長の諮問に応ずるとともに，館長に対して意見を述べる機関とする。
第21条　博物館協議会の委員は，当該博物館を設置する地方公共団体の教育委員会が任命する。

第22条　博物館協議会の設置，その委員の任命の基準，定数及び任期その他博物館協議会に関し必要な事項は，当該博物館を設置する地方公共団体の条例で定めなければならない。この場合において，委員の任命の基準については，文部科学省令で定める基準を参酌するものとする。

第4章　私立博物館

(都道府県の教育委員会との関係)
第27条　都道府県の教育委員会は，博物館に関する指導資料の作成及び調査研究のために，私立博物館に対し必要な報告を求めることができる。
2　都道府県の教育委員会は，私立博物館に対し，その求めに応じて，私立博物館の設置及び運営に関して，専門的，技術的な指導又は助言を与えることができる。
(国及び地方公共団体との関係)
第28条　国及び地方公共団体は，私立博物館に対し，その求めに応じて，必要な物資の確保につき援助を与えることができる。

資料3　中央教育審議会答申（生涯学習関連）・生涯学習審議会答申 URL

① 中央教育審議会答申『生涯教育について』（昭和56年6月11日）
　　http://www.mext.go.jp/b_menu/shingi/old_chukyo/old_chukyo_index/toushin/1309550.htm
② 中央教育審議会答申『生涯学習の基盤整備について』（平成2年1月30日）
　　http://www.mext.go.jp/b_menu/hakusho/nc/t19900130001/t19900130001.html
③ 中央教育審議会答申『新しい時代に対応する教育の諸制度の改革について』（平成3年4月9日）
　　http://www.mext.go.jp/b_menu/shingi/old_chukyo/old_chukyo_index/toushin/1309574.htm
④ 生涯学習審議会答申『学習成果を幅広く生かす―生涯学習の成果を生かすための方策について―』（平成11年4月1日）
　　http://www.mext.go.jp/b_menu/shingi/old_chukyo/old_gakushu_index/toushin/1315201.htm
⑤ 中央教育審議会答申『新しい時代を切り拓く生涯学習の振興方策について～知の循環型社会の構築を目指して～』（平成20年2月19日）
　　http://www.mext.go.jp/b_menu/shingi/chukyo/chukyo0/toushin/080219-01.pdf

人名索引

ア行
イリッチ（Illich, I.） *141*
ヴォントレス（Vontress, C. E.） *107*
エリクソン（Erikson, E. H.） *75, 97, 100*

カ行
ギンズバーグ（Ginzberg, E.） *112*
グールド（Gould, R.） *104*
ケインズ（Keynes, J.M.） *38*
コンドルセ（Condorcet, M.J.A.N. de C.） *2*

サ行
ジェルピ（Gelpi, E.） *17*
シーヒー（Sheehy, G.） *108*
シャイン（Schein, E. H.） *113*
スーパー（Super, D. E.） *112*
ソーンダイク（Thorndike, W. H.） *76, 94*

タ・ナ行
デューイ（Dewy, J.） *76*
トインビー（Toynbee, A.） *39*
ニューガートン（Neugarten, B.） *109, 124, 189*
ノールズ（Knowles, M. S.） *75, 77, 78, 98, 140*

ハ行
ハヴィガースト（Havighurst, R. J.） *97, 101, 126*
バージャヴィン（Bergevin, P.） *77, 197*
パーソンズ（Parsons, F.） *111*
波多野完治 *8*
ハッチンス（Hutchins, R.） *36, 37, 38*
パルメ（Palme, O.） *60*
ヒームストラ（Hiemstra, R.） *126, 193*
フォール（Faure, E.） *14*
プラッツ（Pratt, D.） *86, 158*
フレイレ（Freire, P.） *33, 90*
フロム（Fromm, E.） *47, 48, 51*
ペスタロッチ（Pestalozzi, J. H.） *125*

マ行
マズロー（Maslow, A. H.） *75, 97*
ミード（Mead, M.） *38*
メジロー（Mezirow, J.） *89*

ラ行
ラングラン（Langrand, P.） *3*
レヴィンソン（Levinson, D. J.） *97, 106*
ロジャーズ（Rogers, C.） *75, 78*

事項索引

A-Z
AARP　*190, 194*
EU　*67*
e-ラーニング　*156*
Learning to be　*14*
M字型　*119*
OECD　*59*

ア行
アメリカ退職者協会　→AARP
アンドラゴジー　*72, 77, 85*
育児休業制度　*145*
意識変容　*89, 90, 91*
一般教育　*5, 7*
エクスターナル・ディグリー　*186, 187*
エンパワーメント　*116*
欧州連合　→EU

カ行
学社融合　*142*
学習　*56*
　　——の成果　*66, 135*
　　教科中心——　*84*
　　高齢者の——　*127*
　　問題中心——　*84*
学習形態　*158*
「学習権宣言」　*3, 24*
学習社会　*36, 37, 39, 42, 43*
学習者中心　*24, 26, 159*
学習成果　*44, 67, 147, 167*
学習能力　*122, 126*
学習の準備性　*84*
学習の方向付け　*84*
革新型学習　*56, 57*
学歴社会　*132, 166, 167*
学歴偏重　*12, 42, 43, 166*
学歴偏重社会　*43*
家族規模の縮小　*138*
学校教育　*9, 142, 143*

加齢　*95, 97, 123, 125*
完全な人間　*15, 16*
キャリア形成　*113*
キャリア発達　*113*
教育基本法　*135, 143, 147*
教育体系　*7*
教化教育　*131*
グローバル　*32*
経済協力開発機構　→OECD
継続教育　*172, 180, 181, 182*
『限界なき学習』　*54*
公教育　*2, 3*
公共図書館　*146*
公民館　*146, 148*
高齢者　*122*
国際人権規約　*115*
国内行動計画　*116*
個人学習形態　*158*
コミュニティーカレッジ　*175, 176, 178, 184*

サ行
参加型学習　*57*
ジェロントロジー　*125*
ジェンダーギャップ指数　*118*
識字教育　*33, 90*
自己決定学習　*19*
自己実現　*77, 120*
自己評価　*83*
指定管理者制度　*148*
シニアセンター　*195, 196*
シニア・ネット　*127, 197*
社会教育　*9, 131*
社会教育関連施設　*146*
社会教育施設　*146*
社会教育法　*143, 147, 148*
集合学習形態　*158*
出生率　*119*
生涯学習（lifelong learning）　*4, 16, 23, 24*

生涯学習社会　42, 44, 45, 65, 66, 134, 137, 155
生涯学習審議会　133
生涯学習体系　43, 65, 130, 132, 153, 154, 166
生涯学習パスポート　67
生涯学習フェスティバル　133
生涯教育　131
生涯教育（lifelong education）　3, 8, 23, 24, 37
少子化　139
少子社会　139, 140
職業教育　5, 7
職業的発達　112
職業能力　64, 67, 134
職能教育　67
女性に対する差別撤廃宣言　116
成果　44, 45, 67
青少年教育　4
成人教育　4, 23, 72
『成長の限界』　54
世界人権宣言　115

タ行
大学開放　154
男女共同参画社会　117, 118, 120, 145
地域社会　142
知能　95, 123
　結晶性——　96
　流動性——　96
ディスカッション　163, 164, 166
　グループ——　165, 166
デジタル・ディバイス　126, 127, 152
デジタル・ライブラリー　150
図書館　148
図書館法　148

トランジション　109, 110
ドロール報告　28

ハ行
博物館　146, 151
博物館法　151
パーソナリティー　100, 104, 112, 125
発達課題　101, 104, 107
パートナーシップ　31
ハンブルグ宣言　30
非正規雇用　140
ヒューマン・ギャップ　55, 56
評価　43, 65, 167
　学習——　167
　学習成果の——　66, 136, 168
　生涯学習の——　66
　プログラム——　167
評価の多面化　44
フォール報告　14, 29, 47
ペダゴジー　79

マ・ヤ行
民主主義　10, 15, 53
モティベーション　85
ユネスコ　3, 14
余暇　38

ラ行
ライフ・イヴェント　109, 110
ライフサイクル　100, 106, 109, 119, 124
ライフステージ　105, 109, 110, 120, 140
ラーニング・ソサエティー　39
リカレント教育　59, 61, 62, 63, 65, 134, 154
労働力率　119
ローマ・クラブ　54

《著者紹介》
西岡正子（にしおか・しょうこ）

　京都府立大学文学部卒業。アメリカ合衆国州立インディアナ大学大学院教育学研究科成人教育学専攻修士課程修了。オハイオ州立大学大学院教育学研究科にて成人教育学専攻の後，同大学国際研究室研究員。カナダカルガリー大学大学院教育学研究科客員教授。
　現在　佛教大学名誉教授。
　主著
　『生涯学習論――自立と共生』（共著），実務教育出版，1999年
　『生涯学習の創造――アンドラゴジーの視点から』ナカニシヤ出版，2000年
　『MINERVA 教職講座⑰ 生涯学習社会』（共著），ミネルヴァ書房，2001年
　『新しい時代の生涯学習　第2版』（共著），有斐閣，2009年
　『生涯学習時代の生徒指導・キャリア教育』（共編著），教育出版，2013年
　『未来をひらく男女共同参画――ジェンダーの視点から』（編著），ミネルヴァ書房，2016年　ほか

成長と変容の生涯学習

| 2014年10月30日　初　版第1刷発行 | 〈検印省略〉 |
| 2020年12月10日　初　版第3刷発行 | |

定価はカバーに
表示しています

著　者	西　岡　正　子
発行者	杉　田　啓　三
印刷者	坂　本　喜　杏

発行所　株式会社　ミネルヴァ書房
607-8494 京都市山科区日ノ岡堤谷町1
電話代表（075）581-5191
振替口座01020-0-8076

©西岡正子, 2014　　冨山房インターナショナル・新生製本

ISBN 978-4-623-07161-6
Printed in Japan

▌未来をひらく男女共同参画──ジェンダーの視点から
―――――――――――――西岡正子 編著　A5判200頁　本体2400円

男女共同参画社会づくりは，国連を中心に世界的な動きとなっている。このグローバルな概念の実現をめざすなかで，ジェンダーをとらえ直す。ジェンダーとは何か，ジェンダーをめぐる社会・環境の変化をわかりやすく解説する。

▌講座・図書館情報学1　　生涯学習概論
―――――――――――前平泰志 監修　渡邊洋子 編著　A5判276頁　本体2800円

●学習支援者として仕事や活動に取り組んでいる人たちおよび，生涯学習・学習支援（活動）に関心ある初学者を対象として，「生涯学習とは何か」という問いについて，分かりやすく解説する。公民館，図書館・博物館の専門職員にも有用な一冊。

▌事例で学ぶ学校の安全と事故防止
―――――――――――添田久美子・石井拓児 編著　B5判156頁　本体2400円

●「事故は起こるもの」と考えるべき。授業中，登下校時，部活の最中，給食で…，児童・生徒が巻き込まれる事故が起こったとき，あなたは──。学校の内外での多様な事故について，何をどのように考えるのか，防止のためのポイントは何か，指導者が配慮すべき点は何か，を具体的にわかりやすく，裁判例も用いながら解説する。学校関係者必携の一冊。

▌すぐ実践できる情報スキル50──学校図書館を活用して育む基礎力
―――――――――――――――塩谷京子 編著　B5判212頁　本体2200円

●小・中学校9年間を見通した各教科等に埋め込まれている情報スキル50を考案。学校図書館を活用することを通して育成したいスキルの内容を，読んで理解し，授業のすすめ方もイメージできる。子どもが主体的に学ぶための現場ですぐに役立つ一冊。

▌教育の歴史と思想
―――――――――――石村華代・軽部勝一郎 編著　A5判232頁　本体2500円

●教育の歴史上欠かせない人物の思想と実践を，わかりやすく紹介した教員採用試験対策にも最適の書。深く学べるよう時代背景，同時代人や関連ある思想家・実践家を合わせて紹介。

―――――――――ミネルヴァ書房―――――――――
https://www.minervashobo.co.jp/